Isaac Newthing Damahoun

ATTIREZ LES GENS ET GARDEZ-LES AUPRÈS DE VOUS

Isaac Newthing Damahoun

ATTIREZ LES GENS ET GARDEZ-LES AUPRÈS DE VOUS

Éditions Vie

Imprint
Any brand names and product names mentioned in this book are subject to trademark, brand or patent protection and are trademarks or registered trademarks of their respective holders. The use of brand names, product names, common names, trade names, product descriptions etc. even without a particular marking in this work is in no way to be construed to mean that such names may be regarded as unrestricted in respect of trademark and brand protection legislation and could thus be used by anyone.

Cover image: www.ingimage.com

Publisher:
Éditions Vie
is a trademark of
Dodo Books Indian Ocean Ltd. and OmniScriptum S.R.L publishing group

120 High Road, East Finchley, London, N2 9ED, United Kingdom
Str. Armeneasca 28/1, office 1, Chisinau MD-2012, Republic of Moldova, Europe
Printed at: see last page
ISBN: 978-613-9-59178-7

Dédicace

Je dédie le présent livre à mon père Désire D. Damahoun, le père de mes rêves.

Je ne saurais imaginer ma vie sans lui.

Préface

Ce petit livre présente la façon la plus simple et la plus efficace pour attirer les gens, les garder auprès de vous longtemps et surtout les raisons pour lesquelles vous devez les attirer. Que vous soyez vendeur, homme de média, homme d'église ou homme politique, il existe en tout homme une force d'attraction. C'est une sorte de magnétisme personnel qui, découvert et bien développé, facilitera les contacts avec les autres.

Qu'est-ce qui permet à un homme d'attirer facilement les autres tandis qu'un autre semble les repousser ou a ce sentiment d'être rejeté ? Qu'est-ce qui permet à un homme d'être facilement aimé alors qu'un autre n'arrive à attirer personne ? Enfin, qu'est-ce qui permet à l'un d'être adulé tandis que l'autre passe inaperçu ?

Attirez et gardez les gens auprès de vous révèle de quelle manière vous pouvez vous enrichir en relations. Pour le faire vous n'avez pas besoin de recourir à la manipulation, aux mensonges, à l'enchantement ni aux menaces. Vous avez juste besoin de découvrir le comment et de comprendre le pourquoi ?

La force d'attraction, ce magnétisme personnel, cette capacité, est déjà en vous. Il vous faut juste la détecter et surtout la maximiser. Cet ouvrage a le pouvoir de vous faire trouver faveur aux yeux des petits et des grands, des gens ordinaires et des rois, et même de vous faire obtenir le suffrage de vos adversaires.

Vous saurez désormais pourquoi et comment certaines personnes, quoiqu'elles fassent, attirent les gens et les gardent auprès d'elles car vous serez l'une d'elles.

L'auteur.

Introduction

Pour écrire ce livre, je me suis juste posé une question : Comment certaines personnes font-elles pour attirer si facilement les autres ? Et dans le présent ouvrage il sera question, dans tous les points développés, de faire connaître les sources de la force d'attraction.

Elles sont basées sur l'observation et sur l'expérience, les miennes ainsi que sur celles de nombreuses autres personnes. Ses sources sont accessibles et tout le monde pourra y puiser.

Que vous en soyez conscient ou non, vous avez en vous la capacité d'attirer les gens. La force d'attraction est un élément de la personnalité mis en œuvre par certaines attitudes et qualités. Quand on la découvre et qu'on y travaille, elle rend facile le contact avec les autres. Quand vous développez cette capacité, vous attirez facilement les gens et vous arrivez à les garder longtemps auprès de vous, dans votre vie.

Tout au long de ce livre, il sera donc question de la façon dont vous pouvez, non seulement, attirer les gens, mais aussi et surtout de quelle manière vous pouvez les garder auprès de vous, de la façon dont ils peuvent vous remarquer et s'intéresser à vous, à tout ce que vous faites et vous suivre ou travailler avec vous. Qui que vous soyez et quoique vous fassiez, ces découvertes sont aussi à votre portée, car de nombreuses personnes les ont déjà expérimentées et ont vu leur vie transformée. Elles sont plus attirantes, plus aimées, plus écoutées et les gens ont envie de les revoir et d'être en leur compagnie. Elles attirent si facilement les autres que vous devriez vraiment vous y intéresser. La découverte de votre force d'attraction, j'en suis convaincu, va révolutionner toute votre vie : famille, cercle social, entreprise, église, commerce, parti politique, etc… Je vous souhaite une bonne lecture et vous promets de puissantes découvertes.

Première partie

Les sources de la force d'attraction.

<<Les présents d'un homme lui élargissent la voie et lui donnent accès auprès des grands.>>

Pv.18 v16.

1. DECOUVREZ VOS DONS ET TALENTS.

Vos dons et talents sont les premières choses que vous devez découvrir si vous voulez attirer les gens. Il y a-t-il une différence entre un don et un talent ? Les deux sont quasiment pareils mais il convient néanmoins de faire remarquer qu'un don est une qualité ou une disposition naturelle ou spirituelle. Quand on parle de talent, il s'agit d'une aptitude remarquable dans un domaine sportif, artistique, littéraire, etc…

En découvrant vos dons et talents pour les maximiser, vous devenez inévitablement un centre d'intérêt et commencez à attirer les gens, à dominer, à influencer.

Connaissez-vous une seule personne dans n'importe quel domaine ou corps de métier dans le monde qui ait réussi à attirer les regards et finalement les gens sans l'exercice ou l'expression de son don ? Vous n'en trouverez pas. Seul votre don ou votre talent vous donnera un espace, attirera les gens et les fera rester auprès de vous.

Il y a quarts types de dons (dans le contexte de ce livre) :

*Les dons naturels

Tout homme vient au monde avec un ou des dons appelés dons naturels. Ce sont des capacités innées. L'individu ne les a pas apprises. Les dons naturels sont divers et variés d'un individu à un autre. Nous pouvons citer en exemple la force ou la résistance physique, l'intelligence, le talent musical, la belle voix pour chanter, le talent culinaire, la beauté physique (certains ayant recours à la chirurgie esthétique), l'art oratoire, etc. Certains de ces dons peuvent déjà être épanouis ou plus ou moins cachés. Parfois ils se manifestent en situation de crise ou d'épreuve. Un don naturel peut aussi se manifester à partir d'une chose qui vous attire et qui vous fascine tout particulièrement telle que la musique, la chanson, l'écriture, une discipline sportive ou un métier. Chaque cœur humain a tendance à battre pour une chose ou pour une cause en particulier. Nous pouvons découvrir un don naturel dans ce domaine.

*Les talents acquis par l'exercice

Que faut-il entendre par là ? Pour mieux comprendre ce type de talent, prenons en exemple une star du monde du football : Christiano Ronaldo. Ce footballeur international portugais est une parfaite illustration du talent acquis. Ce que je m'apprête à dire est dit sous le contrôle de nombreux entraîneurs et de footballeurs professionnels interrogés dans un documentaire sur le talent du joueur et de "son éternel rival" Lionel Messi. Contrairement à l'argentin, Christiano Ronaldo a énormément travaillé dans sa passion pour acquérir le don de footballeur. Il y a cependant une différence avec Messi. La différence entre les deux monuments du football moderne est perceptible dans leur prestation sur l'air de jeu. Si le portugais fournit beaucoup d'efforts, même si on ne peut pas remettre en cause son talent, l'argentin par contre exerce son art à la perfection, avec aisance, sans forcer et presque de façon naturelle. Il est vrai que tous les dons s'exercent, se perfectionnent, mais on peut toujours acquérir un don dans un domaine particulier en y travaillant durement. De nombreuses personnes n'avaient au départ aucun talent, aucune disposition pour vendre, chanter ou parler mais, à force d'exercice, ont réussi à faire la différence et à s'imposer dans un domaine qui ne leur offrait aucune possibilité. Bien entendu l'idéal est de se lancer dans une carrière où l'on a un don, mais c'est également possible d'acquérir une capacité et une expertise dans un domaine qui nous passionne même si on a aucune disposition au départ.

*Les dons spirituels

Contrairement aux dons naturels, et aux talents acquis par l'exercice, les dons spirituels sont des dons qui ne peuvent qu'être reçu par le moyen d'un baptême : le baptême du Saint Esprit. Il en existe littéralement neuf dans la parole de Dieu la Bible (1 Corinthiens 12 v8 à 10). Les dons spirituels ne peuvent être achetés, ni acquis par un entraînement, fut-il ardu. Ils sont distribués par le Saint Esprit esprit selon Sa propre volonté (1 corinthiens 12 v11). Vous ne pouvez pas les choisir, par contre vous pouvez toujours demander au Saint Esprit de vous donner un don en particulier. Une aspiration aux dons spirituels les meilleurs est une aspiration légitime.

*Les dons du ministère

C'est le quatrième type de don. Les dons du ministère sont un type de don qui vous a été fait par Dieu avant votre entrée dans le monde. Il vous l'a donné avant même que vous ne naissiez. Il était là, déjà à vous, attendant que vous naissiez. Ce type de don n'est pas naturel, puisqu'il vous a été fait avant votre naissance. Il n'est pas non plus comme les dons spirituels mais est rendu manifeste par le Saint-Esprit. Vous pouvez manifester un ou des dons spirituels sans toutefois avoir un don du ministère. Ce don ne peut pas être acheté. Il ne peut pas être acquis suite à un entraînement, ni à l'issue d'une formation ou d'une étude fut-elle longue. Les dons du ministère, retenez-le bien, ont devancé votre conception. Tout le monde ne le reçoit pas. Découvrons-les à présent dans les saintes écritures pour comprendre qu'ils ne reposent exclusivement que sur une sélection et sur une élection divine. Ce sont des dons de direction ou de gouvernement. Dieu a toujours choisi des hommes intègres et sages pour diriger son peuple comme cela est écrit dans Jérémie 3:15 :

« Je vous donnerai des bergers selon mon cœur, Et ils vous paîtront avec intelligence et avec sagesse. »

Un don du ministère vous donne l'obligation de conduire les brebis du Maître dans la voie la plus droite selon les dons spirituels que vous avez reçu. Avec la mort et la résurrection de Jésus-Christ, Dieu a distribué de multiples dons spirituels aux croyants, mais il en existe cinq dons qui sont destinés au perfectionnement de l'Église : apôtre, prophète, docteur, évangéliste et pasteur. Si vous n'avez pas reçu un appel pour faire partie du gouvernement de Dieu, vous ne pouvez pas avoir un don du ministère. Voyons l'histoire du prophète Jérémie :

"La parole de l'éternel me fut adressée, en ces mots : Avant que je t'eusse formé dans le ventre de ta mère, je te connaissais, et avant que tu fusses sorti de son sein, je t'avais consacré prophète des nations." (Jérémie 1 v4 à 5).

Dans le texte ci-dessus, un don du ministère a été fait à un jeune homme du nom de Jérémie avant qu'il nait été conçu dans le sein de sa mère. La particularité du don du ministère est qu'il relève de la souveraineté exclusive du créateur qui a un temps pour vous l'annoncer et un autre pour le rendre manifeste ou actif. Parfois ceux qui l'ont l'ignorent jusqu'au temps marqué par Dieu, tandis que d'autres le savent ou en ont des soupçons. Voyons ce don dans la vie d'une autre personne : Saül de Tarse devenu Paul.

"Mais le seigneur lui dit : Va, car cet homme est un instrument que j'ai choisi, pour porter mon nom devant les nations, devant les rois, et devant les fils d'Israël." (Actes 9v15).

Les dons du ministère sont au nombre de cinq comme nous l'avons déjà dit :

"Et il a donné les uns comme apôtres, les autres comme prophètes, les autres comme évangélistes, les autres comme pasteurs et docteurs..." (Ephésiens 4v11).

Aucun homme ne peut vous donner ce type de don, aucune formation, fût-elle la plus longue. Tout le monde ne reçoit pas ce don, et ceux qui l'ont reçu, l'ont reçu par pure grâce. C'est vraiment un privilège, un honneur et une énorme responsabilité. Les dons du ministère sont des dons d'autorité et de gouvernement. Ces dons, lorsqu'ils sont authentiques, attirent du monde. J'ai expressément employé l'expression authentique à cause des personnes qui se donnent d'eux-mêmes ou par les hommes le titre de ministre de Dieu quoiqu'ils n'aient en réalité reçu aucun appel de Dieu pour faire partie de son gouvernement. Ceux-là, ce sont les faux ministres de Dieu qui ne possèdent aucun don du ministère. Dès l'instant où il est question de don, il ne peut qu'être reçu. Les dons du ministère sont donnés par Dieu pour deux raisons : conduire les croyants à la perfection, et l'église à la maturité. Si vous ne l'avez pas reçu, alors vous ne l'avez pas reçu. Si à force d'exercice ou d'entraînement on peut acquérir une certaine habileté ou une certaine aptitude, aucun entraînement ne peut vous donner un don du ministère, ni même un don spirituel. Il n'y a aucune école pour cela. Je dirai que seules les personnes qui ont reçu un don du ministère ont le droit d'aller dans une école du ministère ou dans une école pastorale. L'inverse est une erreur de vocation. Aucune école dite biblique ou pastorale ne peut vous donner ce don. C'est un appel. Autrement dit on ne devient pas ministre de Dieu comme on deviendrait médecin ou enseignant. C'est un don.

Relisez Ephésiens 4v11. Il commence par "Et il a donné..." Le ministère est un don. Vous ne pouvez pas entrer dans le gouvernement de Dieu par l'exercice de votre propre volonté, ni par celle des hommes. Ni votre force et ni votre instruction académique ne peuvent pas vous faire devenir un ministre de Dieu. Cela est impossible. Votre niveau culturel ou intellectuel ne peut pas vous octroyer un don du ministère. J'insiste pour que cela soit bien compris. C'est Dieu qui, en toute souveraineté, a choisi qui il a voulu avant la fondation du monde pour faire partie de son gouvernement. Je vous suggère d'écouter vos talents pour trouver votre voie. Ecoutez Dieu et découvrez votre vocation. C'est une question extrêmement sérieuse. Découvrez votre but, suivez votre chemin et allez là où vous devez aller.

Pour terminer sur ce premier point au sujet de vos sources d'attraction, sachez et retenez que seuls vos dons et talents peuvent vraiment vous indiquer votre voie et votre espace d'expression. Ils sont tout ce dont vous avez besoin pour briller telle une étoile. Vous devez permettre aux gens de les découvrir. Vous devez servir le monde avec vos dons. C'est dans l'exercice d'un don qu'on attire les gens. Servez les hommes avec le don qui est le vôtre.

2. VOTRE POIGNÉE DE MAIN

Une poignée de main est un geste de communication effectué le plus souvent en guise de salutation mais qui peut également être une signification de remerciement ou d'accord. Je ne saurais vous dire à quand remonte la première poignée de main. Ce que je sais est que ce geste simple que nous répétons toutes les fois que nous rencontrons des personnes connues ou non, est un geste très puissant. Juste une poignée de main et on sait immédiatement si la personne est accueillante ou non. A travers une poignée de main de nombreux sentiments et émotions sont transmis : amour, colère, amitié, hostilité, accord, désaccord, mépris, respect, douceur, dureté, hypocrisie, indifférence, etc... Vous pouvez vraiment donner envie à quelqu'un de vous revoir à partir d'une simple poignée de main. De très nombreuses émotions, comme je viens de le dire, sont transmises par nos mains et le langage de la poignée de main ne trompe pas. J'en fais l'expérience tous les jours et vous aussi certainement. Par exemple, il y a quelques jours j'ai rencontré un homme au cours d'un voyage missionnaire dans la région du Fromager (Gagnoa) . Mon ami M. m'accompagnait. Reçus dans une famille, un homme s'approcha de nous pour nous souhaiter la traditionnelle bienvenue. Quand j'ai répondu à la poignée de main de cet homme , j'ai tout de suite su que l'homme était bon, plein d'amour, d'enthousiasme, de joie de vivre et de sincérité. C'était vraiment intense. Comment serrez-vous la main aux gens ? Votre façon de le faire révèle vos sentiments à leur égard, la façon dont vous les traitez et de comment vous vous sentez vous-même à l'intérieur. Il y a ces personnes qu'on ne souhaite plus revoir après leur avoir serré la main tant leur poignée de main est pleine de mépris, d'indifférence ou de suffisance. Ne soyez pas l'une d'elles. Faites attention à votre poignée de main. Elle véhicule vos sentiments profonds à l'égard des autres. Mettez plutôt de la vie dans votre poignée de main. Ne soyez pas retissant ni froid quand vous serrez la main de quelqu'un. Ne ne le faites pas à contre cœur car il le saura. Que votre poignée de main, au contraire, soit vigoureuse, pleine d'amour et de sincérité. Evitez les poignées de main forcées, artificielles et hypocrites. Mettez de la chaleur, de l'enthousiasme et de l'amour dans votre poignée de main.

3. LA COLORATION DE VOTRE VOIX

Ce qui attire dans la voix n'est pas tant ce que vous ne dites ni même votre éloquence. Ce qui attire, c'est le ton de votre voix. Il nous arrive d'entendre quelqu'un pour la première fois, au cours d'un appel téléphonique, d'un entretien seul à seul, ou au cours d'une conférence et d'avoir cette envie de la voir, de la revoir ou de l'entendre à nouveau à cause de la grâce véhiculée par sa voix. Il y a une sorte de charme qui rend sa voix irrésistible. Je pense que ça devrait être le cas pour tous les vendeurs, secrétaires, médecins, hommes de média, etc...

Votre façon de parler aux gens peut vraiment les attirer et leur donner l'envie de vous écouter, de vous fréquenter, voire de vous suivre si vous y prêtez attention. On ne se lasse pas d'écouter un ton apaisant, rassurant, doux, plein de respect et d'amour. Malheureusement certaines personnes parlent avec désinvolture, suffisance, mépris, arrogance et il est difficile voire impossible pour elles de vendre, d'être écoutées ou d'être suivies. Croyez-moi, personne n'aime être pris de haut. Personne n'adore écouter quelqu'un qui par le ton de sa voix affiche un air de supériorité ou de mépris à son égard. Tout homme aime être valorisé, apprécié, respecté, bien accueilli et se sentir aimé. Quand on peut ressentir l'une de ces valeurs, ça peut être suffisant pour que quelqu'un nous attire. Le ton de votre voix révèle le genre de rapport que vous avez établi entre vous et la personne avec qui vous parlez ou celle à qui vous parlez : rapport d'égalité ou de supériorité, de mépris ou de considération. Il indique également si vous l'aimez, la considérez ou la méprisez. Commencez dès aujourd'hui à attirer les gens par le ton de votre voix.

4. VOS GESTES ET VOTRE DÉMARCHE

Je suis personnellement attiré par les personnes vivantes, grâcieuses et qui ont une certaine aisance dans tout ce qu'elles font. Leurs gestes et leur démarche traduisent leur joie de vivre, leur force de caractère et la passion qui les anime dans leurs activités ou dans l'exercice de leur don. Quel prestige et quelle assurance lorsque vous les voyez marcher. Elles sont vraiment à l'aise. Il n'y a en ces personnes aucun sentiment de peur, de honte, ni même d'arrogance. Elles exercent une grande force d'attraction. Vous aussi, par vos gestes et par votre démarche, vous pouvez communiquer la foi autour de vous. En général, même si ce n'est pas le cas pour tout le monde, votre manière de parler va de paire avec vos gestes et avec votre démarche. C'est pareil pour l'assurance. Une personne sûre d'elle le démontre presque toujours dans ses gestes et dans sa démarche. Nul n'a envie de suivre quelqu'un qui par ses gestes et sa démarche affiche la peur, le doute, l'hésitation, la paresse ou pire l'orgueil. Pour attirer les gens, faites preuve d'humilité, d'assurance et d'élégance. Evitez au maximum une attitude orgueilleuse (voir le point 11).

Arrêtez surtout, dans votre attitude au quotidien, d'être l'un de ces morts-vivants. Ce sont des gens qui se plaignent de tout et tout le temps. Soyez plutôt vivant, communiquez l'enthousiasme. Que vous soyez vendeur, avocat, homme d'église ou entraîneur, si vous manquez d'énergie vous n'attirerez ni n'influencerez personne. Comme je l'ai dit quelques lignes plutôt, je suis attiré par les personnes vivantes. Pourquoi je le suis ? Parce qu'elles sont des personnes décidées ou aptes à prendre des décisions et à poursuivre leur rêve avec passion. Elles font preuve de courage et possèdent une attitude de champions. Ce genre de personne vous attirent facilement et vous contaminent avec leur enthousiasme. Elles voient toujours grand, travaillent intelligemment, sont concentrées et disciplinées. On ne se perd pas en les suivant. On a tous envie de suivre quelqu'un qui nous montre que les choses sont faisables, que les obstacles sont surmontables. Si vous avez une attitude de gagneur, vous attirerez facilement les autres.

5. VOTRE APPARENCE VESTIMENTAIRE

L'homme regarde à ce qui frappe aux yeux, Dieu regarde au cœur (1 Samuel 16v7). S'il est vrai que l'habit ne fait pas le moine, il est aussi vrai que l'on reconnaît le moine par son habit. Vous devez vous habiller de manière soignée et coquette si vous voulez attirer les gens. Ne négligez pas votre apparence. Habillez-vous bien et proprement, habillez-vous en fonction de votre personnalité et de votre corpulence. Prenez vraiment soin de votre apparence. Même si le plus important est ce que vous avez à l'intérieur, dans votre cœur et dans votre tête, votre apparence ne doit pas être négligée pour autant. Evitez l'extravagance sinon vous n'attirerez que des regards et des rires moqueurs mais pas les gens. Cessez de faire le clown de service et faites attention à votre apparence. Votre habillement peut vous donner un accès facile à bien d'endroits et à certaines personnes tout comme il peut vous fermer de nombreuses portes. Qui n'est pas attiré par une personne bien habillée ? On l'est tous. Chacun s'habille toujours en fonction de qui il pense qu'il est et selon le message qu'il souhaite faire passer aux autres. Par exemple, une prostituée s'habille comme une prostituée. Elle ne peut pas s'habiller comme une femme distinguée, comme une épouse ni comme une mère. Votre apparence est le reflet de votre personnalité. Vous la mettez aussi en valeur en soignant votre habillement. N'ayez pas l'apparence ridicule. Si vous avez des difficultés à trouver un style qui vous met en valeur, demandez conseil à un spécialiste dans le domaine. Votre manière de vous habiller est pareil à votre façon de vous présenter aux autres et cela en dit long sur vous contrairement à ce que pensent certaines personnes.

Être bien mis ne coûte pas chère. C'est le contraire qui l'est. Bien s'habiller est toujours à notre avantage. Habillez-vous comme quelqu'un d'important et vous vous sentirez important. Habillez-vous pour les endroits où vous voulez aller et pour les choses que vous vous en allez faire. Prenons en exemple un jeune homme qui vient de réussir au concours d'entrée à la police. Eh bien il ne se sentira vraiment policier que lorsqu'il portera son uniforme. C'est pareil pour votre femme. Impossible d'aller avec elle à une soirée tant qu'elle n'est pas sûre d'être habillée pour la circonstance. C'est encore vrai pour celui qui donne une conférence sur la réussite. Il lui faut porter des habits qui conviennent à son enseignement car la première chose que les gens chercheront à voir c'est son apparence.

Votre habillement parle à la fois à vous-même et aux autres. On est tous jugés sur notre apparence, ne l'oubliez jamais. Un kilo de riz dans un emballage de très belle qualité se vendra deux fois mieux qu'un kilo de riz de la même qualité s'il n'est pas emballé. Pourquoi ? L'emballage le valorise ou lui donne meilleure impression. Votre habillement est votre emballage, soignez-le. À partir de votre présentation vestimentaire, le message est clair : Je suis quelqu'un d'important, je suis responsable, je suis prospère, je suis respectable. Mais le message peut aussi dire malheureusement : je ne suis pas une personne importante, je ne suis pas très intelligent, je me néglige, ayez de la pitié pour moi...

Habillez-vous toujours à votre avantage, respectez-vous et respectez les autres. Bien s'habiller ne rime pas toujours avec luxe ou avec la richesse. Vous pouvez porter des vêtements simples, propres et bien repassés. Mettez surtout l'accent sur la décence pour ne pas avoir l'air d'une personne aux mœurs légères. Optez pour un genre de vêtement qui vous met en valeur et qui vous donne l'air important car vous l'êtes.

6. SOYEZ HOSPITALIER

Si vous avez l'habitude de bien recevoir les gens, vous leur donnerez inévitablement l'envie de vous revoir, de revenir chez vous. L'hospitalité est cette chaleur, cet amour sincère et cette joie que vous êtes en mesure de manifester envers des personnes connues ou non en les recevant gratuitement. Si tout le monde peut recevoir, tout le monde n'est pas hospitalier pour autant. L'hospitalité n'est pas tant le fait d'accueillir ou de recevoir quelqu'un. C'est plutôt la manière de le faire. L'hospitalité met à la disposition de celui que l'on reçoit tout le confort et tout le bien-être possible en vue de rendre son séjour ou sa visite des plus agréables. Certaines personnes ont vraiment une hospitalité légendaire qui fait qu'elles attirent les gens, qu'on a envie de les revoir et de rester en leur compagnie. Elles vous accueillent si bien que vous avez du mal à prendre congé d'elles. On se sent tout simplement comme chez nous dans leur présence. Comme la poignée de main, votre manière de recevoir les gens montre ce que vous pensez d'eux et la façon dont vous les traitez. Elle révèle vos sentiments profonds à leur égard. En effet, il n'est pas difficile de savoir si quelqu'un nous aime, s'il a de la considération et du respect pour nous. Il n'y a qu'à voir la façon dont il nous fait accueil et son accueil sera déterminant si nous allons revenir ou non chez lui. J'ai toujours été à la fois heureux et pressé de revoir une personne qui m'a fait bon accueil à l'occasion de notre première rencontre ou toutes les fois que je suis passé la voir. Il y a des accueils qui vous marquent et qui ne s'oublient pas. Aimeriez-vous attirer les gens ? Accueillez-les avec beaucoup d'égards, d'amour et de joie. Revenir chez vous sera toujours un plaisir. Ne soyez pas froid quand vous recevez quelqu'un chez vous, à votre bureau ou dans votre boutique.

Voici par exemple quelques accueils désagréables que vous pouvez expérimenter au cours d'une visite ou d'un rendez-vous. Ils arrivent si fréquemment qu'ils méritent que l'on s'arrête dessus :

-Certaines personnes vous reçoivent à la porte de leur maison ou de leur bureau sans vous inviter à entrer ;

-On vous accueille, on vous invite à entrer mais on ne vous propose pas un verre d'eau, un jus de fruit ou une tasse de café ;

-Vous arrivez pile à l'heure du repas mais personne ne se mettra à table avant que vous ne soyez parti ;

-Vous êtes reçu dans le salon mais après vous avoir donné à asseoir, on vous oubliera là. Vos hôtes sont bien trop occupés pour s'occuper de vous ;

-A peine vous a-t-on accueilli qu'on prendra une communication téléphonique dans votre présence et elle peut durer plus de 15 minutes ;

-Les enfants, les serviteurs (ou la secrétaire) informeront de votre arrivée leurs parents ou leur patron mais personne ne sortira pour vous recevoir si ce n'est 30 minutes voir 1 heure de temps après ;

-Malheureusement votre arrivée coïncide avec une réunion, une sortie ou un rendez-vous inattendu. Bien qu'on s'attendait à vous, on ne vous accordera pas une minute ;

-Vous êtes arrivé à l'heure de sa sieste. Votre hôte ne pourra vous recevoir qu'après avoir dormi. Vous voici donc abandonné devant la télévision ;

-On vous accueille comme une personne sans importance. On oublie toutes les bonnes manières ;

-Dans l'accueil que l'on vous fait, vous assistez à toute l'hypocrisie dont l'on fait preuve à votre égard. On tente maladroitement de vous montrer qu'on est content de vous voir mais vous n'êtes pas dupe et savez qu'on n'apprécie ni vous ni votre visite ;

-On vous reçoit si froidement que vous regrettez d'être là ;

-Vous êtes reçu d'une manière méprisable : dans le mauvais endroit possible, vous êtes servi dans un verre brisé sur les bords... ;

Mettez de la vie, de la chaleur dans votre manière de faire accueil aux gens : vos amis, vos collègues, des clients, les membres de la famille, vos voisins, etc... Montrez aux gens que vous les aimez, qu'ils ont de la valeur, qu'ils sont importants.

Recevez-les comme si vous receviez votre gouverneur. Et puis, comme le disait Félix Houphouet Boigni, ce ne sont pas les titres qui donnent de la valeur aux hommes, ce sont les hommes qui donnent de la valeur aux titres. Honorez chaque être humain aussi parfaitement qu'il est humainement possible de le faire. Que votre hospitalité ne soit pas faite de mépris. Recevez avec toute la considération possible les personnes qui vous visitent. Recevez-les comme vous auriez aimé être reçu. Et peu importe leur statut ou condition, recevez-les avec le meilleur vous et le meilleur de ce que vous avez.

7. SOYEZ DISPONIBLE

Voici l'une des qualités que possèdent les personnes qui attirent facilement les autres à elles et qui arrivent à les garder longtemps auprès d'elles. Et vous, savez-vous vous rendre disponible ? La disponibilité est cette qualité que possède toute personne prompte à recevoir les autres, à les écouter et à les aider. La personne disponible garde toujours sa porte ouverte, prête à aider, à donner un conseil, à rendre service du mieux qu'elle le peut tous ceux qui la sollicitent. La disponibilité est un moyen de construire un réseau d'amis et de se découvrir des points communs avec d'autres. Elle permet également à la personne disponible d'exposer ses talents et de montrer tout l'humanisme qui se trouve en elle. C'est une qualité qui ne se force pas. Vous devez l'avoir cultivé au préalable. Les gens disponibles deviennent facilement les amis de tout le monde. Ils ne s'ennuient jamais à écouter les problèmes des autres et sont toujours en train de réfléchir à la façon dont ils pourraient leur venir en aide. Même quand ils manquent de temps à cause d'un emploi du temps chargé ou d'un volume de travail important, ils trouvent toujours un moment pour vous recevoir, vous écouter ou vous venir en aide. Avec une telle qualité, l'on ne peut qu'attirer les autres. On a souvent besoin d'une oreille attentive pour nous écouter, d'une épaule pour pleurer et d'un coup de main pour résoudre une situation bloquante et c'est là que se manifeste cette qualité. La personne disponible ne rate pas une occasion d'aider quand elle le peut. La plupart du temps elle n'a pas besoin d'une invitation spéciale. Elle a remarqué que vous avez besoin d'aide et la voilà prête à vous l'apporter. La disponibilité est de nos jours une qualité qui se rarifie. Nul ne souhaite être dérangé par les problèmes des autres. On en a tous, disons-nous, et chacun doit se débrouiller pour résoudre les siens. Mais les gens disponibles, sans oublier leurs problèmes, savent aider les autres. Leur vie est une vie de services gratuits car ils ont compris l'essentiel et visent des récompenses qui ne sont pas monnayables, ils visent des récompenses éternelles. Ils ont compris qu'investir du temps, de l'aide et des services dans la vie d'autrui, c'est investir dans sa propre vie. Et puis la vie est plus belle encore quand les autres sont heureux. Vous pouvez cultiver cette qualité comme toutes celles dont il est question dans ce présent livre et attirer de nombreuses personnes dans votre vie.

8. AYEZ LE SENS DE L'HUMOUR

Si vous voulez que les gens viennent facilement à vous et s'attachent à vous, ne soyez pas quelqu'un qui prend les choses trop à cœur. Au contraire soyez une personne détendue, toujours souriante et ayant les sens de l'humour. Ça ne vous coûtera rien du tout. Vivez votre vie en prenant les choses comme elles viennent, tout en lui donnant une direction. Vous ne serez jamais en mesure d'éliminer tous les problèmes avant qu'ils ne se présentent. Prenez les choses comme elles viennent, la perfection n'est pas de ce monde. On le dit souvent mais on ne réalise pas toujours combien cela est vrai.

Ayez le sens de l'humour, souriez à la vie et elle vous sourira. La vie vous rendra toujours tout ce que vous lui donnez. A chaque jour suffit sa peine. Personne ne peut prendre une assurance contre tous les problèmes. Ce type d'assurance n'existe pas. Finissez de résoudre les problèmes d'aujourd'hui et il y aura d'autres nouveaux problèmes. Ça ne finit pas parce que la vie est quelque chose à conquérir. S'il est vrai qu'on doit faire de la planification, des provisions, des projections, ajoutez-y tout ce qui vous passe par la tête, on ne peut absolument pas tout prévoir dans la vie. On peut néanmoins avoir le sens de l'humour car les fondations qui soutiennent notre vie sont solides en dépit des claques inattendues, et peuvent nous permettre d'avancer sereinement sur le chemin de la réussite. Ayez le sens de l'humour malgré les défis qui sont les vôtres. Les personnes fermées, trop sérieuses, exagérément sérieuses et tendues n'attirent pas grand monde et ont très peu d'amis. Ayez le sens de l'humour et veillez à ne pas le perdre. Si vous êtes un vendeur ou un orateur, vous pouvez toujours commencer votre présentation par une bonne blague. Assurez-vous qu'elle est vraiment drôle et ça détendra vos clients ou votre auditoire qui sera plus enclin à vous écouter. Evitez au maximum d'être une personne dure, tendue et nerveuse. Soyez plutôt sereine, riez et soyez maître de vous. Une personne qui a le sens de l'humour ne prend jamais aucune situation, elle-même, trop au sérieux. J'ai toujours été attiré par les gens calmes et équilibrés, qui regardent les choses avec humour. Ils sont détendus quoiqu'il arrive et s'amusent quand tout le monde est sous pression.

Vous me direz que les choses sont plus compliquées aujourd'hui qu'elles ne l'étaient hier et qu'il est devenu plus difficile d'être calme, de garder sa sérénité et d'avoir le sens de l'humour. Soit, mais en même temps je reste persuadé que vous aimeriez y arriver. Je suis heureux de vous annoncer que vous pouvez apprendre à vous détendre en réagissant avec humour à tout ce qui arrive. C'est plus avantageux que d'être une personne nerveuse, excitable, super-préoccupée, hyperactive et trop sérieuse. Une pensée de Marc Aurèle devrait pouvoir vous aider à avoir le sens de l'humour. <<Ne laisse pas ton esprit se tourmenter devant le cours des choses. Elles sont indifférentes à ton tourment.>> Les personnes irritables n'attirent personne et nul ne peut rester plus d'une minute en leur compagnie. Ayez le sens de l'humour. Et puis rien n'est éternel. Tous les problèmes passent avec le temps. La preuve : savez-vous où sont passés vos problèmes d'hier ? Tout finit par s'effacer. L'une des choses que j'apprécie chez ma femme Roseline parmi ses nombreuses qualités, c'est le fait qu'elle soit toujours la première à rire de ses fautes lorsqu'elle a du mal à prononcer un mot français en particulier. Ça nous fait tellement rire tous les deux qu'elle est parfois un peu déçue quand elle arrive enfin à le prononcer correctement. C'est une personne fantastique et j'aime passer du temps avec elle. Votre défaut peut devenir un atout si vous pouvez l'exploiter avec humour. Nous aimons tous rire et adorons les personnes qui ont le sens de l'humour. Vous pouvez devenir une personne qui attire du monde si vous ne vous prenez pas trop au sérieux et possédez un sens de l'humour. Qui que vous soyez ne vous laissez pas trop impressionné par votre CV, votre personne ni par votre carnet d'adresses.

9. SOYEZ INTÈGRE

Mieux vaut le pauvre qui marche dans son intégrité, que l'homme qui a des lèvres perverses et qui est un insensé (Proverbes 19v1).

Comprenez-vous les paroles du sage ? Un pauvre intègre est plus important qu'un riche qui ne l'est pas. Voici une très grande qualité à cultiver pour qui souhaite attirer les gens et surtout les garder auprès de lui. S'il faut soigner son apparence (point 5) ce n'est pas pour se contenter de se fabriquer une image. L'attraction que vous exerceriez dans ce cas serait de courte durée. Vous devez plutôt bâtir votre caractère, cultiver le contenu de votre apparence, ce qui lui donnera sa réelle valeur ajoutée. Qui est intègre sinon celui qui se bat pour se construire sur des valeurs telles que la justice, la vérité, l'honnêteté, la fidélité, ... et qui vit en accord avec ces valeurs profondément et continuellement sur leurs fondements. L'intégrité est une qualité inestimable lorsqu'on veut attirer les gens. Les personnes instables dans leurs sentiments et dans leurs émotions, versatiles, changeantes au gré des circonstances n'impressionnent personne. On doit pouvoir compter sur vous, sur vos paroles. On doit pouvoir vous faire confiance. Votre valeur en tant que personne ne provient pas du poids de votre porte-monnaie, ni de votre compte en banque, de votre apparence, ni de votre bagage intellectuel. Il provient de vos vertus et l'intégrité en est une. C'est une valeur à poursuivre et à développer. Les personnes qui manquent d'intégrité sont très faciles à corrompre, à manipuler. Elles n'ont aucune loyauté, aucun sens de l'honneur. Leurs paroles ne valent rien et elles avec. Attendez-vous à ce qu'elles vous trahissent à tout instant. Je vous suggère d'investir sur vous, principalement sur le plan spirituel, relationnel et sur celui du caractère. C'est là, il me semble, que se trouve la garantie de réussir et d'attirer les autres. Si vous ne cherchez pas à être intègre, vous vous désintègrerez jusqu'à perdre toute substance pour devenir une personne sans valeur. N'investissez pas seulement sur votre apparence. Cultivez surtout son contenu. Investissez dans la culture de valeurs spirituelles, relationnelles et morales. Soyez une et une seule personne, la même dans toutes les circonstances. Permettez à des valeurs spirituelles et morales de vous guider. Cela est vraiment important. Savez-vous qu'en cultivant l'intégrité vous serez en mesure de prédire efficacement votre avenir ? De quelle manière, vous empresserez-vous de demander ? Voici ce qu'a dit Robert Kiyosaki, auteur d'un livre à succès que je vous recommande vivement, <<Père riche, père pauvre.>> : <<Votre avenir est créé par ce que vous faites aujourd'hui, pas par ce que vous ferez demain.>> Soyez intègre, continuez de l'être pour une meilleure récolte dans le futur. On ne peut légitimement s'attendre qu'à ce qu'on a semé. Qui a semé l'intégrité ne saurait moissonner la honte, l'humiliation ni la pauvreté. Au contraire un avenir des plus rayonnants l'attend.

Celui qui marche dans l'intégrité trouve le salut, Mais celui qui suit deux voies tortueuses tombe dans l'une d'elles (Proverbes 28v18).

Le manque d'intégrité revient à vivre une vie d'instabilité, c'est suivre deux voies tortueuses. Il est impossible de poursuivre plus d'un lièvre à la fois. Les personnes qui attirent les autres sont des personnes dignes de confiance, émotionnellement et moralement stables. Ce sont les personnes fidèles et fermes dans leur engagement. L'intégrité est une valeur à ne pas négliger ou ignorer pour qui veut attirer les autres. Préservez votre valeur en tout temps en étant intègre.

10. SOYEZ HUMBLE

<<Le fruit de l'humilité, de la crainte de l'éternel, c'est la richesse, la gloire et la vie (Proverbes 22v4).

La sagesse ci-dessus présente l'humilité comme un arbre à planter ou comme une graine à semer. Vous devriez cultiver cette graine si vous souhaitez attirer les gens et les faire rester le plus longtemps possible dans votre vie. Il y a tant de livres publiés sur l'importance de l'humilité qu'il ne semble pas nécessaire de revenir dessus. Pourtant, chaque jour, vous et moi rencontrons partout des personnes orgueilleuses, imbues d'elles-mêmes. Pourquoi le sont-elles encore ? Soit le message n'est pas bien passé, soit les gens n'y ont pas prêté attention. Je crois sincèrement que, pour que les gens comprennent enfin l'importance de l'humilité, il faut leur faire savoir, ou leur rappeler, ce que dit celui qui les a créés : <<Dieu résiste aux orgueilleux, mais il fait grâce aux humbles.>>

Cette déclaration tirée des Saintes Ecritures devrait suffire aux orgueilleux pour comprendre qu'il n'y a aucun secours possible, aucune porte de sortie, aucune possibilité de percée ni d'élévation quand Dieu devient votre adversaire, l'obstacle.

L'orgueil vous ferme de nombreuses portes si ce ne sont pas toutes. Je vous conseille de ne pas avoir une trop haute opinion de vous-même et de ne mépriser personne. D'ailleurs rien ne vous rend supérieur aux autres. Les gens orgueilleux ont très peu d'amis. Ils sont tellement beaux, intelligents, sages, forts, et au-dessus de tous, si instruits que personne n'a la chance de devenir leur ami. Enfin c'est ce qu'ils croient. Personne ne les supporte. Par contre on apprécie les gens humbles, simples, modestes, les gens pour qui les autres ont de la valeur, de l'importance, méritent le respect. Les humbles attirent facilement les autres.

Cultivez la graine de l'humilité. Les fruits qu'elle produit vous ont été donnés dans les paroles du sage (Proverbes 22v4). Apprenez à reconnaître vos torts, tout le monde commet des erreurs, se trompe. Acceptez d'être corrigé et apprenez à demander pardon. Devenez enseignables et voyez les autres comme étant au-dessus de vous. Quand j'entends quelqu'un dire :<<je suis orgueilleux et puis quoi ?>> J'entends là les propos d'un enfant. Vous ne pouvez pas dire de telles choses si vous visez la grandeur ou l'élévation. Pour devenir grand, il faut avoir été petit. Et quand on est devenu grand, il faut encore savoir rester petit. Tant que vous pouvez être humble, la grandeur est à votre protée et avez des chances d'y rester. Retenez que les humbles attirent du monde. Les orgueilleux par contre, ont tendance à faire fuir tout le monde. Restez humble en tout temps.

11. SOYEZ HONNÊTE

Les raisons de la malhonnêteté sont aussi nombreuses que les individus et les raisons qui la motivent. Si la plupart des gens manquent d'honnêteté dans les relations cela provient essentiellement, je pense, d'un manque d'honnêteté envers eux-mêmes. Une personne qui est malhonnête envers elle-même n'aura aucune difficulté à l'être envers les autres. Mais comment peut-on être malhonnête envers soi ? L'honnêteté est une vertu et une qualité. Que vous soyez beau, fort, intelligent ou compétant, sans vertu vous n'aurez jamais aucune valeur. L'honnêteté en tant que vertu doit devenir votre cible prioritaire. Si vous saviez ce que vous coûterait la malhonnêteté, vous voudriez être honnête toue votre vie. La malhonnêteté n'apporte rien de bon. Au contraire elle détruit vos liens familiaux, vos amitiés, votre mariage, l'avenir de vos relations professionnelles, votre carrière, votre ministère, votre influence, votre entreprise, etc... Et qui est le perdant ? C'est vous ! Vous vous trahissez toujours en étant malhonnête. Chaque acte de malhonnêteté dépouille votre présent d'un avenir radieux. Vous n'avez aucune obligation de vivre caché, dans la honte, tête baissée, et de perdre continuellement de précieuses relations. Un meilleur avenir résulte de l'honnêteté que vous êtes en mesure d'investir dans vos relations chaque jour. Vous devez pouvoir dire non à tout compromis dans l'instant présent pour préserver votre propre avenir. Il y va de votre intérêt.

Peu importe tout ce que vous croyez tirer comme profit aujourd'hui de la malhonnêteté, elle ne demeure pas moins une énorme trahison envers vous-même. Il faut également prendre en compte la vérité suivante : Nous recherchons tous de l'influence. La quête d'influence est une aspiration normale or la malhonnêteté brise justement votre influence. Elle détruit votre image et émiette définitivement votre réputation. La malhonnêteté vous dépouille de tout honneur. Vous en souvenez-vous ? Votre avenir dépend de ce que vous faites aujourd'hui et non de ce que vous ferez demain. C'est en cultivant l'honnêteté que vous multipliez ainsi tous les jours vos chances d'attirer les gens et de les garder dans votre vie.

12. SOYEZ FIDÈLE

Beaucoup de gens proclament leur bonté, mais un homme fidèle, qui le trouvera ? (Proverbes 20v6).

Traiter la question de l'infidélité avec des conseils reviendrait à mettre du sparadrap sur une tumeur qui n'arrête pas de grossir. C'est un mal des siècles passés et présents. Trouver une personne fidèle est l'une des denrées les plus rares qui soit. La situation est des plus sérieuses. Si vous avez la chance de rencontrer une personne fidèle sur votre chemin, protégez la relation comme on le ferait pour une espèce en voie d'extinction. C'est une qualité rare. Comme l'a dit le sage, tout le monde peut prétendre qu'il est bon, mais l'homme fidèle est difficile à trouver quel que soit le domaine et surtout dans les domaines amicaux et amoureux. Comment pouvons-nous définir la fidélité ? Ou bien comment définir une personne fidèle ? Une personne fidèle est une personne souciante de l'importance de tout ce qu'elle dit et de tout ce qu'elle fait, et qui veille à tout prix à ce que soit vrai en tout temps et en toute circonstance, même au prix de sa vie. Une personne fidèle s'implique sérieusement dans ses paroles et dans ses actes. La personne fidèle a le sens de l'honneur et est d'une loyauté remarquable. La fidélité a pour fondement l'intégrité (Point 9) et l'honnêteté (Point 11). La fidélité donne une assise à votre réputation et valorise votre personnalité, et cela en vaut la peine. Battez-vous pour être fidèle et le rester. Les gens viendront facilement à vous et s'attacheront. Confiez à votre mémoire ce que j'ai dit en définissant une personne fidèle : elle est ce qu'elle dit et elle est ce qu'elle fait.

13. SOYEZ RECONNAISSANT

Combien de fois n'avons-nous pas essuyé l'ingratitude de nombreuses personnes et qui en même temps nous a coupé d'elles ? Qui ne s'est jamais plaint d'une ingratitude en retour d'un bien fait à autrui ? Combien de fois n'avons-nous pas nous-même fait preuve d'ingratitude ? L'ingratitude fait malheureusement partie du quotidien dans les relations humaines. Personne n'aime l'ingratitude et finalement l'on finit par traverser la ligne rouge en haïssant l'ingrat. Il est toujours difficile de dissocier le mal de celui qui le commet or confondre les deux est un pas de trop, un faux pas. Une chose demeure cependant vrai : les personnes ingrates n'ont pas bonne réputation et n'attirent personne. Elles n'ont pas de relations qui durent dans le temps. Pour être aimé d'un plus grand nombre de gens, la reconnaissance fait partie des qualités que vous devez cultiver. Vous devez pouvoir apprécier les cadeaux, les services et les aides des autres à votre endroit et leur manifester votre gratitude. Le moyen le plus simple de le faire est déjà d'être capable de dire ce petit mot simple mais puissant de cinq lettres : MERCI. Mais pourquoi la plupart des gens manquent-ils de reconnaissance ? Ils en manquent, je pense, pour deux raisons essentielles. Premièrement ils sont incapables d'apprécier, de reconnaître ou de voir les efforts, l'amour et les énormes sacrifices que font les autres pour les aider, leur rendre des services ou pour leur offrir quelque chose. Les ingrats pensent que tout cela va de soi, que c'est normal. Deuxièmement les gens manquent de reconnaissance parce qu'ils vivent avec le sentiment qu'on leur doit quelque chose. Quand vous leur rendez un service gratuit, leur offrez quelque chose, ou leur apportez une aide quelconque, dans leur pensée c'est comme si vous aviez payé votre dette envers eux. Détrompez-vous, personne ne vous doit quelque chose. Apprenez à dire merci, soyez reconnaissant. Nul ne peut prétendre être ce qu'il est ou là où il se trouve aujourd'hui grâce à ses seuls efforts. Quelqu'un y a certainement contribué. Nous sommes redevables envers tellement de gens : parents, amis, conjoint, pasteurs, collègues, voisins, connaissances, inconnus... Nous devons surtout de la reconnaissance à celui qui nous a fait et qui nous donne toute chose bonne : le Créateur. Ayez de la mémoire, souvenez-vous de toutes ces personnes qui vous ont aidé à un moment de votre vie. Gardez en mémoire ceux qui continuent de vous aider et soyez plein de reconnaissance. Si vous devez leur dire merci, ne vous arrêtez pas là. Voyez de quelle manière vous pouvez apporter de la joie dans leur vie ou dans celle de leurs proches. Reconnaître le bien fait est déjà un grand, mais ce n'est pas encore la fin de la route. Arrivez en bout de chemin en offrant un service ou un bien de la même valeur que ce qui vous a été fait ou offert. Vous pouvez même faire plus si vous en avez les moyens, mais payez votre dette. La reconnaissance est une énorme qualité que possèdent les personnes qui attirent les autres. Soyez reconnaissant. Même si vous n'avez rien demandé, reconnaissez et appréciez l'altruisme des autres, leur générosité, leur disponibilité, leur sympathie.

14. AIMEZ LES GENS

Si votre objectif est d'attirer les gens et de les garder longtemps dans votre vie, vous devez les aimer sincèrement. Les gens ne sont pas des choses pour être utilisés, manipulés, exploités. Ils sont faits pour être aimés. Quand on aime quelqu'un, quand on l'apprécie, quand on marche avec lui sans hypocrisie, il n'y a pas besoin de lui faire un dessin de votre amour. Il peut le voir et le ressentir. Nous aimons tous nous retrouver dans la présence des personnes qui nous aiment pour qui nous sommes, pour qui nous avons de l'importance et de la valeur. Ces personnes comprennent nos faiblesses inhérentes à la nature humaine, comprennent nos erreurs, nous pardonnent nos manquements et nos imperfections. Elles sont prêtes à nous aider du mieux qu'elles le peuvent afin que nous allions de l'avant. Les personnes qui nous aiment nous encouragent et font leur possible pour nous voir heureux. Malheureusement il y a cette race de gens pour qui les autres ne sont qu'un moyen d'obtenir des choses et d'atteindre certains buts. Ils réfléchissent sans cesse à la meilleure façon dont ils pourraient utiliser ou se servir d'un tel pour obtenir telle ou telle chose. Vous avez l'exemple de ces couples dans lesquels l'un des partenaires cherche à se réaliser non pas ensemble avec l'autre mais individuellement, à partir de l'autre. Une telle intention est dépourvue de toute intention matrimoniale et est une preuve d'égoïsme et de mauvaise foi.

Les relations humaines doivent être appréciées comme des bénédictions, une richesse et une opportunité d'aimer. Permettez-moi de vous donner un conseil : qui que vous soyez et quoique vous fassiez, ne voyez jamais les gens justes comme des clients, des spectateurs, un auditoire. Voyez-les comme des personnes à aimer et tissez des liens. De toutes les façons tout ce que vous faites, vous le faites pour les gens et pour cette raison vous ne pouvez pas aimer ce que vous faites plus que les gens pour qui vous le faites. Votre force d'amour sera un moyen efficace d'attirer les gens et de les garder auprès de vous. On quitte difficilement les personnes qui nous aiment. Aimez les gens pour qui ils sont : des êtres humains. Confiez à votre mémoire cette vérité : les gens ne sont pas des choses mais des personnes à aimer. Ne les utilisez pas, ne les manipulez pas, ne les exploitez pas. Êtes-vous un orateur ? Aimez les personnes qui composent votre auditoire. Êtes-vous un chanteur ? Aimez vos fans et créez si possible des liens. Êtes-vous un vendeur ? Aimez vos clients. Peut-être êtes-vous homme d'église ? Aimez les gens qui font partie de votre congrégation et même ceux qui n'en font pas partie. Si vous avez des enfants, aimez-les et montrez-le-leur. Aimez votre conjoint(e), aimez vos employés. L'amour attire toujours les gens et fait rester ensemble longtemps, aussi longtemps que sa flamme peut être maintenue allumée. Faites une chose extraordinaire : aimez vos ennemis. Vous les rendrez impuissants devant vous. Vivez une vie motivée par l'amour.

15. SOYEZ HABILE

Si tu vois un homme habile dans son ouvrage, il se tient auprès des rois. Il ne se tient pas auprès des gens obscurs (Proverbes 22v29).

Devenir une référence ou une adresse sûre se construit : Attirer les rois ou avoir un accès à eux est un travail de longue haleine. Pour attirer les gens et surtout les grands de ce monde, vous devez être exigeant envers vous, discipliné, travailler dur, mais surtout penser qualité. Accomplir une œuvre de qualité c'est pareil qu'avoir une bonne réputation disait Donald Trump. Si les gens s'intéressent à vous pour votre don ou talent, à vos valeurs, à votre savoir-faire, vous devez être parfait en tout cela. Par exemple, un travail de piètre qualité n'intéresse personne, encore moins les rois. Vous devez viser l'excellence, élever vos normes de qualité. Un travail ou une œuvre de seconde main restera toujours de la seconde main. Préoccupez-vous de bien faire tout ce que vous entreprenez. Vos œuvres peuvent être achetées d'avance car votre seul nom évoque la qualité. En valorisant ce que vous faites, c'est vous-même que vous valorisez. Ne servez jamais de la foutaise à vos clients. Vous aimeriez attirer les grands, les rois, les voir figurer parmi vos clients ? Travaillez d'une manière excellente. Travaillez comme si la commande en cours était pour la présidence de la république de votre pays. Faites attention aux détails, éliminez toute imperfection car c'est aussi de cette façon que l'on fait asseoir sa réputation. Il est vrai que ça prend du temps pour devenir une référence, pour avoir de la renommée, mais ça finira par arriver si vous comprenez la nécessité d'accomplir une œuvre d'une façon habile, excellente voir aussi parfaite qu'il est humainement possible de le faire. Un travail bien fait retient toujours l'attention et on est pressé de connaître l'artiste caché derrière toute belle réalisation. Envisagez de devenir le meilleur dans votre domaine. Et c'est maintenant que vous lisez ce point que vous devez vous y résoudre. Soyez exigeant envers vous et revoyez toujours vos normes de qualité à la hausse. Devenez le meilleur parmi les meilleurs. Visez les clients haut de gamme, faites du ciel votre limite. C'est ce que je m'efforce de faire lorsque je me mets à écrire un livre. Je l'imagine en train d'être lu par des gens importants comme vous. Cette et cette visualisation m'obligent à faire attention aux mots que je couche sur le papier. Je veille à offrir un très bon livre aux lecteurs. Votre habileté dans votre travail, votre ingéniosité vous donne toutes les chances d'attirer les gens, d'en faire des clients ou des fans à vie.

16. AYEZ DU RESPECT POUR AUTRUI

Dans la vie nous devons respecter les autres qui qu'ils soient et devons aussi veiller à ce que les autres nous respectent. Les relations, lorsqu'elles sont faites de respect réciproque, ont de meilleures chances d'évoluer sainement et de durer dans le temps. Le manque de respect est un véritable problème dans les relations quel qu'en soit le type. Pour avoir été dans de nombreuses situations où l'on m'a manqué de respect et pour avoir observé de nombreuses personnes, je peux affirmer que le manque de respect est un problème d'éducation. C'est, il me semble, la racine du mal. La bible dit quelque chose qu'il ne faut pas prendre à la légère : « Instruis l'enfant selon la voie qu'il doit suivre, afin que, devenu un homme, il ne s'en éloigne pas. »

Je suis certain que tous les bons parents font de leur mieux pour élever et éduquer leurs enfants dans le respect, l'amour, l'obéissance et dans de nombreuses autres valeurs. Ils s'investissent énormément dans leur éducation pour faire d'eux des hommes de valeurs, de braves gars. Je suis profondément reconnaissant aux miens à qui j'ai donné du fil à retordre, je l'avoue. Mais je leur dois l'homme que je suis devenu.

A l'opposé de ces familles, il y a malheureusement de nombreuses autres pour lesquelles l'éducation des enfants est négligée ou une véritable catastrophe. Pourtant, les enfants reproduisent presque toujours les schémas parentaux. Ils agissent en fonction de ce qu'ils voient et entendent chez leurs parents. Ils agissent comme eux. Leurs parents sont leurs modèles, leurs repères. Ne dit-on pas que le cadre familial est le premier maillon de socialisation de tout individu ? Cela est entièrement vrai. Un enfant né dans une famille dépourvue de valeur telle que le respect aura du mal à le cultiver. D'ailleurs comment le pourrait-il, lui qui n'en a pas appris l'importance ? Comme je l'ai dit quelques lignes plus haut, tous les enfants apprennent par initiation. Ils adoptent les façons de penser, d'agir et de parler de leur parent. Vous pouvez le vérifier chez vos propres enfants. Voyez par exemple comment ils parlent et comparez-le à votre propre façon de parler. Eduquer un enfant c'est se reproduire en lui. Les membres de votre famille sont vos premiers disciples. Votre maison à votre vocabulaire s'habille comme vous, fument peut-être comme vous, etc. Vos enfants reflètent presqu'en tout vos attitudes. Les chiens ne font pas des chats. Comprenez ceci : tout être humain, d'où qu'il vienne, qu'il soit laid ou beau, ignorant ou cultivé, civilisé ou primitif, jeune ou vieux, pauvre ou riche, partage ce désir : il veut être respecté. Tout le monde, sans exception tient à ce qu'on le respecte. Si vous voulez attirer les gens, n'asseyez jamais de les catégoriser en « respectable », « très respectable » et « non respectable » ; Ne faites pas d'exception dans le respect que vous devez aux gens. Tout le monde doit être respectable pour vous : éboueur, secrétaire, directeur, maçon, vigil, président, servante... Ne traitez pas les gens comme des moins que rien. Apprenez à les appeler par leur nom si vous le connaissez. A défaut appelez-les par leur titre, c'est important. Sinon dites simplement, si vous ne les connaissez pas : Monsieur, madame ou mademoiselle.

Et même quand vous n'appréciez pas une personne en particulier pour des raisons que vous seul connaissez, donnez-lui quand même le respect. Il est fort possible que par son attitude, une personne n'encourage pas à se faire respecter. Respectez-la quand même parce que vous vous respectez vous-même.

Ne traitez jamais une personne comme un sous-homme à cause d'un différend que vous pourriez avoir avec elle. Ne perdez jamais votre sang-froid jusqu'à traiter quelqu'un comme n'étant pas digne de respect. Quel que soit la situation, l'autre mérite du respect et vous n'avez pas besoin de l'humilier. Et c'est en le respectant, malgré son erreur ou son tort que son respect pour vous grandira et il fera son possible pour rectifier le tir et réparer son erreur. Croyez-moi et j'en ai fait l'expérience, mieux vous traitez les gens, plus vous en tirez de profits. Essayez et vous verrez que ça marche. Ce n'est ni utile, ni productif de toujours chercher à humilier, rabaisser et traiter les autres comme une ordure. Traitez-les en humain en commençant par les respecter. Vous y serez toujours gagnant, et eux aussi. Mépriser les autres, les rabaisser, les blesser par des paroles, c'est leur manquer de respect. Pour la raison que j'ai évoquée, raison relative à l'éducation, bien qu'elle ne soit pas la seule, je suis en mesure de comprendre l'attitude des personnes qui n'ont aucun respect pour les autres. Elles ne le font pas exprès mais ne sont pas dédouanées pour autant. Le mal se trouve dans leurs fondations. Il leur faudra prendre conscience de ce problème en vue d'une rééducation. Quel que soit ce qu'à été son éducation et quel que soit son âge, tout homme peut changer car il n'est nullement condamné à rester tel qu'il est. Il peut changer s'il en comprend la nécessité et le bénéfice pour lui-même et pour les autres. Le respect est une qualité énorme dans les relations humaines. Il est à la base de toute relation de qualité. Qu'elle soit amicale, amoureuse, professionnelle ou familiale, il faut le respect. Si vous ne respectez pas les gens, vous ne pourrez ni les attirer, ni avoir avec eux des relations durables. Qui que vous croyez être et qui vous croyez que sont les autres, ils méritent le respect, votre respect. Rien ne vous dispense de respecter les autres. Tout le monde, sans exception a droit au respect. Si vous avez des difficultés dans ce domaine, vous devez vraiment y travailler. Le respect est une valeur avec laquelle vous devez compter pour attirer les gens et être apprécié d'eux.

17. VALORIZEZ LES GENS

Une façon très simple d'attirer les gens c'est de les valoriser. En les faisant se sentir importants, parce qu'ils le sont, vous attirez leur sympathie. Tous les gens normaux ont soif de louange, d'honneur et de reconnaissance. La faim d'honneur, de prestige est une faim normale. Le pasteur Gary Chapman a dit : « Tout homme est né avec une soif de louange ». Il est à l'image et à la ressemblance de Dieu son créateur qui siège dans la louange de son peuple. L'homme est important. On peut passer son chemin comme si de rien n'était en voyant le corps mort d'un chien mais pas celui d'un être humain. Pourquoi selon vous peine-t-on à secourir des accidentés de la circulation et d'un avion qui s'est craché dans des conditions parfois difficiles ?

Pourquoi mobilise-t-on tous les moyens pour sauver un enfant tombé dans un puit comme on a pu le voir récemment au Maroc ? Tout simplement parce que l'être humain est important. Si votre habitude est de faire en sorte que les autres se sentent petit, inutile, insignifiant, vous aurez du mal à les attirer et à vous faire apprécier d'eux. Et même si vous considérez qu'une personne ne peut rien faire pour vous, elle ne demeure pas moins importante pour autant. Vous attirez les gens lorsque vous les appréciez pour qui ils sont, des êtres humains et pour ce qu'ils font pour vous. Ne considérez jamais une personne comme n'étant rien du tout. De quelle manière pouvez-vous valoriser les autres ? Vous pouvez le faire de trois façons très simples :

*Complimentez

L'homme, peu importe son âge, a soif de louanges, d'éloges. Complimentez les autres pour leurs efforts de faire mieux, leurs idées, leur coiffure, leurs vêtements, etc...

*Veuillez à connaître leur nom et appelez-les par leur nom.

C'est vraiment important de retenir les noms des gens et de les appeler par leur nom car les gens apprécient qu'on les appelle par leur nom. Si on ne les connait pas, on peut toujours dire : Monsieur, madame ou mademoiselle. Sinon appelez-les par leur titre et ils se sentiront importants.

*Ne tirez pas toute la couverture à vous.

Partagez vos succès avec ceux qui y ont contribué de près ou de loin. Donnez l'occasion à ceux avec qui vous travaillez de profiter des compliments que l'on vous fait. Ne donnez pas l'impression que seuls vos efforts ont compté.

Un dernier conseil : Ne faites jamais passer l'argent ou les biens matériels qu'on appelle également les biens périssables ou temporels, avant les êtres humains. L'être humain est et demeure la créature la plus importante de l'univers. Rien ne vaut et n'égale sa valeur. L'être humain vient au monde dans les mains d'un autre être humain et c'est encore dans les mains des êtres humains qu'il quitte le monde. Il est important.

18. SOYEZ HUMAIN

Personne n'est attiré par les personnes qui se comportent en potentat, en dictateur, en tyran. Si vous devez attirer les gens à vous, vous devez être humain. Sur ce point je voudrais m'adresser en particulier à tous ceux qui ont des personnes sous leur autorité. Être humain dans l'exercice de votre autorité n'est pas seulement de donner des ordres, des directives ou des injonctions que les gens doivent suivre ou exécuter. Vous êtes humain lorsque vous comprenez que tous ces gens sous votre autorité sont également sous votre protection, et dans ce cas vous devez les aider, être là pour eux et ne pas les laisser tomber. Quand vous êtes humain, les gens vous apprécient, vous sont fidèles et vous avez leur appui inconditionnel.

Ayez un profond désir d'aider les autres. Soyez un expert dans l'art de traiter les gens comme ils désirent être traités. Ayez par exemple une approche humaine de régler avec vos subalternes ce qui ne va pas. Quand quelqu'un fait une erreur, veillez à ne pas le blesser ni l'humilier dans votre volonté de lui en faire prendre conscience. Parlez-lui en privé, félicitez-le pour tout ce qu'il fait de bien, montrez-lui qu'il possède toutes les qualités et toutes les compétences pour bien faire et pour éviter ce type d'erreur, et aidez-le à trouver la solution au problème qu'il rencontre. Ce n'est pas toujours mauvais de dire aux gens ce qu'ils veulent entendre. Ça ne fait pas de vous un faible. Quand quelqu'un commet une erreur, vous pouvez malgré cela faire en sorte qu'il se sente bien et disposé à s'améliorer. Être humain c'est traiter les gens du mieux que vous le pouvez. Quand vous interagissez avec une personne qui, par ses choix et attitudes, détruira tôt ou tard sa vie, ce n'est pas en hurlant, en menaçant, en lui brisant le moral que vous la sauverez ? Nul n'arrive à éclairer la voie d'un aveugle en s'immolant par le feu. C'est en étant humain que vous l'aiderez à se replacer dans le droit chemin. Comment ?

En lui montrant que vous l'aimez et en lui montrant qu'elle peut encore donner un meilleur rapport à sa vie. En plus elle pourra compter sur vous pour y arriver si elle la désire.

Le contraire de l'approche humaine c'est l'approche brutale, directe, sèche pour régler les problèmes. Evitez la dureté, le cynisme et les sarcasmes. N'humiliez pas les gens et évitez de les remettre à leur place. Vous n'obtiendrez rien de bon. Traitez bien les gens, respectez-les, intéressez-vous à eux, à leur famille. Félicitez-les et aidez-les du mieux que vous le pouvez. Ce qui empêche certains leaders la plupart du temps d'adopter cette approche, c'est le sentiment qu'ils ont de perdre leur autorité or plus vous êtes humble, plus vous êtes fort. Croyez-moi, dire : merci, félicitation, ou bravo, ne coûte rien et s'avère payant tôt ou tard. On entend assez souvent : « Je lui ai dit mes quatre vérités » ; « S'il veut qu'il s'en aille ! ». Et qu'avez-vous obtenu en retour ? La colère, la rancœur, plus d'indiscipline. Soyez plutôt humain.

J'ai encore en mémoire les ouvriers de la société FILTISAC que mon père dirigeait dans la section jute dans les années 90-2000. Papa était l'un de ces rares dirigeants à qui les ouvriers ne voulaient jamais avoir à faire quand ils avaient décidé de faire grève. Mon père les traitait si bien que, quel que soit le motif de la grève, lorsqu'il se présentait devant eux pour leur parler, ils mettaient aussitôt leurs revendications de côté pour reprendre le travail. Mon père avait réussi à établir avec les ouvriers ce type de relation qui va au-delà du rapport patron-ouvrier. Il les aimait tous, les connaissait par leur nom, connaissait le domicile de beaucoup d'entre eux et les respectait tous sans distinction. Beaucoup parmi eux nous racontaient, à mon grand frère Rodolphe et à moi, combien notre père était un merveilleux patron. Les ouvriers disaient que papa les aimait profondément et ils le lui rendaient. Papa était tout simplement humain. Et même quand il était en colère, ces derniers le comprenaient et faisaient tout ce qui faut pour régler le problème. A cause de son approche humaine, ils acceptaient son autorité. La règle est simple : Vous ne recevez que ce que vous donnez aux autres.

Même pour celui qui agit mal, lorsque vous êtes humain, votre attente n'est pas que ce dernier le paye dans un avenir proche ou lointain. On entend certain dirent : « il me le paiera ! » Quand vous êtes humain, votre espoir n'est pas que l'autre paye pour sa faute. Ce que vous aimeriez c'est qu'il apprenne de son erreur et qu'il s'améliore. Vous pouvez donc remplacer « Il va me le payer », par : « J'espère qu'il finira par comprendre un jour dans son propre intérêt. » En étant humain et en abordant les situations, les problèmes et les gens d'une façon humaine, nous démontrons que les gens sont des êtres humains tout comme nous et que la perfection n'est pas de ce monde. Nous devons être humain dans notre manière de nous adresser aux gens. Nous devons veiller à ne pas les blesser. Traitons-les en humain. Les gens ne sont ni bêtes, ni des enfants. Ils ont aussi le droit de ne pas faire certaines choses qui paraissent normales ou évidentes pour nous. Il est préférable de chercher à comprendre leurs motivations que de chercher à leur faire la morale. Traitez les gens comme vous aimeriez être traité. Si vous voulez donner un conseil à quelqu'un ou lui faire une remarque, limitez vos propos et tentez de le valoriser en premier. Puis donnez votre conseil ou faites votre remarque poliment. Si sa réaction est positive, vous pouvez considérer que l'objectif est atteint et n'avez plus besoin de vous attarder sur ce sujet. Dans le cas contraire, arrêtez-vous net. Pourquoi ? Il est possible que le moment ne soit pas le bon ou que l'autre en face soit déjà suffisamment sur les nerfs ou trop sûr d'être dans sa raison pour écouter quoi que ce soit. Mais dans les deux cas, traitez-le en humain car c'est la seule approche qui donne de bons résultats. N'oubliez pas : certaines personnes comprennent immédiatement, d'autres à la suite d'expériences douloureuses, d'autres jamais.

19. GAGNEZ DE L'ARGENT

Le pauvre est odieux même à son ami, mais les amis du riche sont nombreux (Proverbes 14v20).

Ne soyez pas surpris que l'argent ou la richesse fasse partie de vos moyens d'attraction. Avoir de l'argent ou être riche est l'un des chemins les plus rapides pour se procurer de nombreux amis : amis sincères, amis intéressés, bons et mauvais amis. Un flux d'argent attire un flux de gens. Je dois reconnaître que cela n'est pas vrai en tout temps car il y a aussi de méchants riches que personne n'approche. N'empêche peu importe votre regard sur la richesse ou sur l'argent, vous ne serez pas capable de nier la réalité : ceux qui ont de l'argent attirent du monde. Pourquoi les amis du riche sont-ils si nombreux ? Ils le sont simplement parce que l'argent répond à de nombreux besoins, règle de nombreux problèmes et situations. Il est la solution à la pauvreté qui n'est pas une vertu.

Les amis du riche sont plus nombreux que ne le sont les amis du pauvre parce que le riche est en mesure de répondre efficacement à leurs problèmes et besoins. Quand vous possédez de l'argent, vous avez entre vos mains un pouvoir : le pouvoir de dominer sur les circonstances. On ne recherche pas l'argent pour lui-même. Ce ne sont pas les pièces en métal ni les billets de banque imprimés à la machine qui intéressent les gens. On veut tous en posséder pour le pouvoir qu'il y a derrière, le pouvoir de dominer sur les circonstances : loyer, faim, maladie, habillement, décès, plaisirs, etc. Celui qui a l'argent contrôle ces circonstances, il est à l'abri d'un certain nombre de pressions. À un moment donné de sa vie, tout homme doit légitimement vouloir faire de l'argent, s'en procurer pour contrôler, dominer ses circonstances et celle des autres. On dit que la richesse arrive généralement autour de 40 ans. Je ne sais pas si cela est vrai néanmoins je crois qu'à cet âge on a la maturité nécessaire pour maîtriser et contrôler l'argent. Derrière l'argent se trouve un pouvoir qui, si vous ne le contrôlez pas, vous contrôlera. Si vous maîtrisez le pouvoir de l'argent, il deviendra votre serviteur et vous servira. Dans le cas contraire c'est lui qui deviendra votre maître et vous son serviteur. Pour n'avoir pas compris ce pouvoir, de nombreuses personnes sont devenues esclaves de l'argent. Elles sont prêtes à tout pour l'avoir : meurtre, vol, prostitution, corruption, mensonge, cupidité, arnaque, homosexualité, ...

Veillez à ce que le pouvoir de l'argent ne vous contrôle pas. Le sage a dit que le pauvre est odieux même à son ami. Je dirai que le pauvre est également pauvre en relation et c'est à mon avis le deuxième niveau le plus élevé dans la pauvreté après l'ignorance. La vie est là pour vous prouver que tout le monde ne deviendra pas riche d'un point de vue financier mais on peut être riche de quelque chose qu'on peut offrir aux autres sinon pourquoi les attirer ? Et vous pouvez être millionnaire en amitiés.

Deuxième partie

Pourquoi est-ce si important d'attirer et de garder les gens auprès de vous ? Dans cette deuxième partie, nous découvrirons 24 raisons pour lesquelles vous devez attirer les gens, vous faire des relations précieuses et les entretenir pour les conserver le plus longtemps possible.

1. LA LOI DE L'ÉCHANGE

La première raison qui devrait vous motiver à nouer des relations est la loi de l'échange. Nous vivons tous sans exception par l'échange, que nous en soyons conscients ou non. Qu'est-ce que la loi de l'échange ? Puisque l'homme vit en société et des échanges, il ne peut pas subvenir seul à ses besoins. La vie est faite de relations et tourne autour d'elles. Le bon fonctionnement de l'humanité repose sur les relations qui, elles, reposent sur l'échange. Que ce soit dans le commerce, dans les transactions, dans la communication, dans les relations, dans une discussion, un travail, un mariage, etc..., on échange. Le quotidien de l'homme est fait d'échanges multiples. Tous les jours de sa vie, l'homme donne quelque chose pour obtenir quelque chose d'autre. Il ne lui est donc pas avantageux de vivre seul ou dans l'isolement. Sa vie toute entière repose sur ce principe. Pour apprendre, grandir, évoluer, réussir, s'améliorer, vendre ou acheter, communiquer..., il faut quelqu'un d'autre ou des gens avec lesquels vous allez interagir.

La loi de l'échange a un aspect exogène et un aspect endogène. Nous échangeons aussi bien des biens tangibles qu'intangibles. Par exemple, se rendre à une formation consiste à échanger votre temps et vos efforts, et même vos ressources financières, en vue d'acquérir des connaissances. Parce que nous sommes dans un monde d'échange, un monde où l'on donne pour recevoir, il faut avoir quelque chose à échanger et rester en contact avec de nombreuses personnes avec lesquelles nous pourrons faire de meilleurs échanges, des échanges gagnant-gagnant. Pour y arriver, vous pouvez travailler sur les les 19 points de la première partie de ce livre, les appliquer dans votre vie. À propos du principe de l'échange, vous devez savoir que dans tout échange, les parties engagées doivent y avoir un avantage sinon il est négatif. Mais si les parties engagées y gagnent, elles devront travailler à maintenir leur relation en bonne santé aussi longtemps que possible. L'amitié exige un égal échange d'attention et de dévouement, disait Louis-Auguste Martin. J'y ajouterai un égal échange d'intérêt.

La vie est faite de relations familiales, amicales, professionnelles, amoureuse et elles reposent toutes sur l'échange. Vous ne pouvez vivre heureux qu'avec les autres. Vous devez donc créer des liens et vous y investir.

2. LES AUTRES SONT DES CANAUX DE BÉNÉDICTIONS

C'est de Lui, et grâce à tous les liens de son assistance, que tout le corps, bien coordonné et formant un solide assemblage, tire son accroissement selon la force qui convient à chacune de ses parties, et s'édifie lui-même dans l'amour (Éphésiens 4v16).

Dans une relation motivée par l'amour ou basée sur l'amour, nous sommes comme les membres d'un même corps et la force utile ou nécessaire à chaque partie où membre de ce corps, pour se construire dans l'amour, provient des liens ou des relations qui relient tous les membres du corps. Nous sommes les membres du corps de Christ. Les provisions divines, les grâces, les bénédictions, les opportunités..., nous parviennent à travers les relations que nous avons les uns avec les autres. Ils sont des canaux par lesquels transitent tout ce que le Créateur nous donne. On ne peut rien recevoir directement. Quoique ce soit ça doit passer par des êtres humains : cadeaux, argent, aides, promotion, etc. Ainsi en attirant les autres, en vous faisant des relations, vous vous offrez l'opportunité de nombreux canaux de bénédictions. Par contre, si vous ne créez pas liens ou avez la mauvaise habitude de détruire de précieuses relations, vous vous fermez d'immenses portes de bénédictions et de multiples occasions de recevoir des autres toutes les grâces qu'ils transportent en eux. L'un de mes pères dans la foi disait que Dieu, pour nous bénir, devient un homme.

3. LES AUTRES SONT DES RÉPONSES

Ce point vient compléter le précédent. La plupart des réponses à nos questions et des solutions à nos problèmes viennent aussi des autres soit parce qu'ils y ont déjà répondu, soit parce qu'ils en possèdent déjà la solution. Combien n'ont-ils pas été heureux de trouver la solution à un problème ou à une difficulté bloquante juste pour avoir été en contact avec une personne ? Il suffit parfois de se relier à quelqu'un, d'échanger quelques paroles et vous avez la solution ou l'information tant recherchée. Pour cette raison et pour toutes les autres dont il est question dans ce présent ouvrage, les relations demeurent l'une des plus grandes richesses que possède un homme. Elles nous apportent de très nombreuses solutions, nous apprennent d'autres façons de voir et de faire les choses. Les relations que nous avons avec les autres nous font découvrir des choses nouvelles ou nous les font voir sous un angle tout nouveau. Cette œuvre ne saurait prétendre faire une liste exhaustive des bénéfices qu'il y a à se construire un réseau d'amis. Ils sont bien trop nombreux. Même les personnes difficiles et mauvaises nous apprennent toujours quelque chose sur nous et sur la vie.

Voici une illustration au sujet de ce point. Prenons cinq personnages : Paul, Pierre, Maurice, Claude et Bertrand. Paul et Bertrand sont amis mais Bertrand n'a aucune relation avec Claude, Pierre et Maurice qui sont les amis de Paul. Bertrand a un problème auquel son ami Paul ne peut pas apporter de solution. Claude est le seul qui peut vraiment aider Bertrand mais les deux n'ont pas de relation. Ayant expliqué sa situation à Paul son ami, ce dernier, pour aider son ami Bertrand, décide de se rendre auprès de Claude l'un de ses amis pour lui fait part des ennuis de son ami sachant qu'il est le seul qui peut vraiment aider Bertrand. Mais avant de le faire il prend soin de présenter Bertrand à Claude et de les relier. Pour son ami Paul, Claude est disposé à aider Bertrand qui fait désormais partie de ses relations. À partir de Paul et Claude, Bertrand va faire connaissance avec les deux autres amis de Paul et Claude qui sont Pierre et Maurice. Cela se dit en Côte d'Ivoire "Je connais quelqu'un qui connaît quelqu'un."

Les relations sont un miracle de gratuité. Il n'y a rien à payer pour se faire des amis alors faites-vous des amis, rencontrez des gens, créez des liens. Les autres sont des réponses ou possèdent les réponses à de nombreuses questions que vous vous posez. Ne restez pas tout seul dans votre petit coin avec le sentiment que personne ne vous aime ou que vous n'intéressiez personne. La solitude est certes un choix mais vous n'êtes pas forcé de le faire

4. LES AUTRES POUR RÉUSSIR

Deux valent mieux qu'un, parce qu’ils retirent un bon salaire de leur travail (Ecclésiaste 4v9).

C'est un fait : nul ne peut réussir seul. Ceux qui le prétendent font preuve d'orgueil. Une personne y a contribué de près ou de loin. Quelqu'un a dû payer le prix pour que cela ait été aussi simple pour vous. Sans les autres réussir deviendrait laborieux voire impossible. La réussite a un chemin, une histoire. Ne regardez pas seulement à aujourd'hui pour affirmer que vous y êtes arrivé tout seul. Vous avez besoin des autres au début du chemin, au cours du parcours et même quand vous avez atteint votre destination. C'est pourquoi celui qui s'entoure de personnes bienveillantes, des gens avisés prêts à l'aider à un avantage certain sur celui qui fait cavalier seul. Même dans le domaine du mariage vous avez besoin d'avoir une bonne épouse et d'un bon époux.

Je crois que tous ceux qui réussissent ont compris l'avantage qu'il y a à travailler avec les autres, à être bien entouré. Je vous encourage à vous relier à d'autres personnes aussi intelligentes que vous pour accomplir de grandes choses. Recherchez la coopération d'autres personnes, une coopération harmonieuse à des fins précises pour accomplir de grandes choses. Votre seule force ou votre seule intelligence vous mènera à une réussite à demi atteint sinon à l'échec. Pour réussir vous avez besoin de la contribution des autres d'où l'importance de les attirer au lieu de les repousser ou de détruire vos relations. David J. Schwarts l'un des plus grands spécialistes de la motivation a dit : la distance entre ce que vous êtes et ce que vous voulez être dépend de l'appui d'autrui. Je suis de son avis. Je m'offre le luxe d'ajouter à cette noble pensée que l'aide ou l'appui des autres dépend de vous, de votre réputation. C'est plus que votre apparence et votre parcours académique. Si vous êtes une personne paresseuse, irrespectueuse, antipathique ou désagréable, il deviendra difficile pour les gens de vous apporter leur appui. Les gens humbles, honnêtes, aimables et sympathiques sont plus légers à élever, à aider ou à accompagner. Aimez surtout les gens (première partie, point 14) et ils vous aideront. Ne l'oubliez pas, leur contribution vous est nécessaire pour avancer et pour réussir. Faites-vous des amis en tout temps. Un conseil : vous pouvez ne pas être important pour une personne en particulier mais si elle l'est pour vous, faites sa connaissance.

5. LES AUTRES POUR APPRENDRE

Après avoir lu de très nombreux ouvrages d'érudits et de grands penseurs, j'ai toujours été marqué par quelque chose qu'ils ont tous en commun. Ils affirment presque tous, eux de grands esprits, que leur savoir n'est le leur qu'en partie. Ils reconnaissent en toute humilité qu'ils s'étaient toujours inspirés des idées, des pensées ainsi que des connaissances des autres et qu'ils en avaient finalement fait les leurs. Admettre qu'on ne sait pas tout et qu'on ne le pourra jamais quel que soit le temps qu'on y consacrerait est une preuve d'humilité et c'est reconnaître le besoin de la contribution des autres pour continuer à s'enrichir. Vous ne pouvez pas tout savoir, cela est vraiment impossible. Vous avez besoin de vous relier aux autres pour apprendre de nouvelles choses. Chaque relation est une opportunité de découvrir quelque chose de nouveau, d'apprendre mais nous sommes individuellement responsables de notre éducation. Nul ne peut apprendre à notre et l'ignorance est loin d'être un attribut. Elle ne l'est pas. Vous pouvez apprendre quelque chose de nouveau tous les jours de chacune de vos relations. Soyez pour cela réceptif à ce qu'il y a en eux. Vous pouvez apprendre de leurs réussites mais aussi de leur erreur. Échangez avec les autres et votre intelligence en sera augmentée, vos centres d'intérêts élargis et de nouvelles portes de réflexion vous seront ouvertes. Parfois en écoutant les autres nous nous découvrons pour la première fois et nous rendons compte que nous avons encore beaucoup à apprendre.

Il est impossible, et je vous le déconseille, de passer pour monsieur ou pour madame Je-sais-tout. Cela vous ferait rater des occasions exceptionnelles. Ne soyez pas une personne qui peut tout faire car vos dons sont limités. C'est en attirant les gens que et en étant en relation avec eux que vous pouvez apprendre de nouvelles choses, faire d'excellentes découvertes.

6. LES AUTRES PROUVENT VOTRE LEADERSHIP

Quelqu'un a dit qu'un leader qui n'attire personne ou que personne ne suit n'en est pas un mais plutôt une personne qui se promène. Je suis de cet avis. Un leader attiré toujours de plus en plus de gens. Il les entraîne à sa suite. Les gens le suivent même si la foule n'est pas toujours la preuve d'un bon leadership. Les gens qui vous suivent prouvent votre leadership. Pouvons-nous affirmer que Mahatma Gandi ne fut pas un leader ? Bien évidemment non ! Autrement il nous faudrait expliquer de quelle manière deux cent millions d'indiens l'aient suivi de toute leur âme. Tous les leaders, dans les générations passées et présentes, ont toujours réussi à entraîner des gens à leur suite. Connaissez-vous vous un leader qui n'attire personne ou que personne ne nuit ? Non ! Il n'y en a pas. L'un des miracles que réalisent tous les leaders est de convaincre les gens de les suivre et ces gens sont là preuve de leur leadership. Le leader a une force d'attraction extraordinaire et une certaine autorité qui lui donne un certain contrôle sur les gens qu'il dirige.

Votre capacité à attirer les gens et à les amener à vous suivre confirme votre capacité de dirigeant. Si les gens ont tendance à vous à vous fuir pour votre attitude ou pour votre caractère alors vous n'avez pas la qualité d'un leader. Tout leader est un rassembleur et un motivateur exceptionnel. C'est ceux qui vous suivent qui confirment votre leadership.

7. L'HISTOIRE DES AUTRES

Je suis quelqu'un de particulièrement attentif à l'histoire des autres, qu'ils aient déjà réussi leur vie ou non. L'histoire d'une personne a toujours de la valeur qu'elle qu'est soit. Lorsque je rencontre quelqu'un pour la première fois où même quand je la connais déjà, son histoire a de l'intérêt pour moi. Je suis intéressé par son vécu, son parcours, ses expériences, en un mot sa vie. Cela me permet de mieux la connaître, de mieux la comprendre et de mieux me comprendre. Cela me permet de mieux interagir avec elle. J'ai aussi l'occasion de mieux me comprendre pour modifier quelque chose ou de maximiser quelque chose d'autre chez moi. Enfin je découvre de quelle manière je peux lui être utile. Qu'une personne ait réussi sa vie ou non, qu'elle soit confrontée à des luttes interminables ou non, qu'elle soit en train de faire face à des défis ou qu'elle soit en train de réussir tout ce qu'elle entreprend, son histoire a de l'intérêt pour moi. C'est la raison pour laquelle je suis fasciné par la biographie des personnes qui ont marqué l'histoire du monde et par celle qui continuent à faire l'histoire. Comment ont-elles accompli tout ce qu'elles ont accompli ? Quels principes de réussite ont-elles découverte ? Et pour celles qui ont échoué, pourquoi ont-elles échoué ? Les réponses à toutes ces questions se trouvent dans leur histoire que vous pouvez lire ou écouter. Le faisant j'ai découvert un dénominateur commun entre elles : Pour tout ce que je décide de faire, je dois m'attendre à rencontrer des problèmes parfois décourageants, mais je dois avancer et ne jamais laisser tomber. L'histoire des autres me prouvent que mon cas n'a rien d'exceptionnel ou de particulier. De très nombreuses personnes ont déjà fait l'expérience. L'histoire des autres m'enseigne que les problèmes, les échecs, les erreurs, les pertes, les douleurs et les drames font partie de la vie. Ils sont des signes vitaux ou la preuve que vous êtes encore vivant. Ce qui doit vous importer c'est de savoir où vous voulez aller et pourquoi vous luttez.

Je ne m'intéresse pas à l'histoire des autres pour reproduire leurs erreurs. Au contraire c'est pour les éviter. Quand je lis ou écoute par exemple celle d'une personne qui a souffert avant de remporter la victoire, je suis motivé à ne pas prendre congé de la vie lorsque je traverse des moments difficiles. Je suis plutôt stimulé positivement. Je ne suis pas effrayé par les difficultés qui ont jalonné son parcours mais j'ai plutôt les regards fixés sur la destination finale : la réussite. Je vous encourage à vous intéresser à l'histoire des personnes qui entrent dans votre vie, de celles qui ont ou qui réussissent et même de celles qui ont échoué. Elle peut être un outil pour comprendre votre propre vie et pour apprendre. Elle peut vraiment vous enseigner la route de là où vous souhaitez aller. Lisez l'histoire des gens célèbres et vous vous rendrez compte qu'ils ont fait face à des défis et autres problèmes devant lesquels ils auraient pu plier. Mais au lieu de cela, ils ont cru en eux et ont poursuivi leur chemin. L'adversité, les problèmes, les erreurs et les échecs les ont formés. Croyez-moi tous ces gens qui réussissent ou qui ont réussi ont surmonté de grands obstacles : l'opposition, la rue, des loyers impayés, l'abandon de proches, la perte d'êtres chers, la perte d'emploi, etc. Tous ces revers ont été leur appui. Je vous encourage à lire l'histoire des autres.

8. LES AUTRES VOUS CONDUISENT À LA MATURITÉ

Il n'y a aucune perfection possible sans les autres. Les différentes sources de la force d'attraction dont il est question dans ce livre ne vous aident pas seulement à attirer que de bonnes personnes même si ces dernières vont vous améliorer dans biens de domaines. Vous allez aussi attirer de mauvaises personnes : des méchants, des hypocrites, des traitres, etc. De nombreuses personnes entreront dans votre vie et vous décevront. Elles vous feront beaucoup de mal, vous feront passer par toutes sortes d'expériences amères et de souffrances. Mais tout cela arrivera pour une raison : vous conduire à la maturité.

Comprenez bien cela. Tout le monde ne sera pas compréhensif, doux, gentil ou respectueux envers vous. Vous ne serez pas aimé de tous parce que vous ne pourrez pas faire l'unanimité. C'est une limitation placée sur votre vie. La trahison, l'abandon de proches, la méchanceté gratuite et les insultes font malheureusement partie du chemin. Il faut que ces choses arrivent et elles sont inévitables. La route est ainsi. Nous devons la lumière au déplacement d'un électron négatif vers un électron positif. Les oiseaux dont nous apprécions les chants vivent en détruisant les cultures. Pour une omelette vous devez casser les œufs. Lorsque quelqu'un devient un sujet de supplice, de souffrance morale, d'humiliation, de tristesse, de frustration ou de blessures intérieures, toutes ces choses doivent, au-delà de la souffrance, vous faire grandir dans votre mentalité. L'homme le plus petit de taille est l'homme qui n'a jamais grandi dans sa mentalité. C'est de cette façon que l'homme doit grandir. Vous devez grandir dans vos réactions, votre attitude, devenir moralement fort et accroître votre capacité de résistance aux épreuves d'où qu'elles viennent. Les moqueries, les injures, le rejet où l'abandon de proches ne doivent pas vous rendre susceptible, amère cynique, haineux ni développer en vous un esprit de vengeance. Vous devez pouvoir devenir la meilleure personne de vous-même. N'est-ce pas avec le fer qu'on aiguise le fer ? Nous sommes conduits à la maturité par les autres à travers les expériences douloureuses. Vous pouvez les utiliser pour grandir si vous ne permettez pas à ces expériences de vous marquer négativement d'une façon durable. Beaucoup sont restés des éternels gamins parce qu'ils n'ont jamais grandi dans leur mentalité. Ils ont toujours été encensés, encouragés, surprotégés et n'ont jamais goûté à la dure expérience de la trahison, des accusations, de l'abandon, du rejet et de la méchanceté gratuite. Ils ont ainsi raté de merveilleuses occasions de devenir des hommes accomplis, polis et forgés par les épreuves de la vie, des personnes aguerries, mentalement fortes et ayant de l'expérience et de la résistance aux épreuves à revendre.

Croyez-moi l'abondance, les félicitations ou l'aisance ne sont pas les meilleures écoles pour devenir un homme ou une femme. La meilleure école est celle de la souffrance et de la nécessité. Rendez grâce à Dieu pour vos expériences difficiles en prévenance de vos relations. Même si on ne peut pas savoir à l'avance le mal qu'une relation pourrait nous causer, nous n'avons pas besoin de vivre dans la méfiance, dans la prudence extrême car cela ne fait aucune différence tant qu'on peut apprendre quelque chose et grandir. À ceux ou celles qui pensent encore, naïvement, qu'ils auront toujours droit à la reconnaissance, aux encouragements, aux félicitations et à l'amour, à ceux ou celles qui continuent encore de croire que certains proches seront toujours là au pire moment de leur vie, je leur demande de se réveiller et de cesser de plaisanter. Pour que personne nous vous heurte, pour qu'il n'y ait personne qui vous fasse mal, vous devez aller habiter sur une île déserte et ça, vous ne pouvez pas le faire. Les gens vous feront mal que vous le vouliez ou non. Il n'y a pas de protection anti souffrance dans les relations. Quelqu'un vous fera un jour mal et même très mal mais ne perdez jamais de vue le fait que ça doit finir par vous conduire à la maturité.

Apprenez à tirer de bonnes leçons des expériences amères. Pesez-vous toujours la question de savoir : Qu'ai-je à apprendre de cette blessure ? Vous devez tirer un enseignement et vous arrêter là. Il y a toujours un bénéfice que l'on peut tirer d'un revers si l'on sait regarder plus loin. Ne devenez jamais amère, rancunier et ne vivez pas sur la défensive. Au contraire grandissez !

9. IL N'EST PAS BON D'ÊTRE SEUL

Beaucoup de personnes tentent de vivre seul en faisant le choix difficile de la solitude ou de l'isolement. La Bible dit pourtant qu'il n'est pas bon pour l'homme d'être seul. Et même si cette déclaration fait directement référence au mariage, je crois qu'elle reste valable pour de nombreuses situations. Les autres sont là pour nous alors pourquoi s'en priver ? Nous faisons partie d'un tout avec les autres. Écoutons les paroles du sage :

Deux valent mieux qu'un, parce qu'ils retirent un bon salaire de leur travail. Car s'ils tombent, l'un relève son compagnon ; mais malheur à celui qui est seul et qui tombe sans avoir un second pour le relever ! (Ecclésiaste 4v9-10).

C'est toujours à notre avantage d'avoir des relations. On a besoin des autres pour être heureux car nul ne se suffit. Les relations sont également une forme de richesse. Il faut les autres pour reconnaître et apprécier vos accomplissements. Passer une reuisous silence et vous verrez qu'elle n'aura plus vraiment de valeur. C'est comme un athlète, que valent ses performances sans acclamations et sans félicitations ? Et comment vous viendrait-il l'idée d'organiser une fête, par exemple, sans la présence des gens ? Comment comptez-vous recevoir de l'aide si vous vivez votre vie coupée de tout le monde ? Rappelez-vous de ce qui a été dit dans le point 20 de la première partie de ce livre. Les autres sont des canaux de bénédictions. Il est à la fois malheureux et dangereux de vivre seul et de ne pas avoir de relations.

10. DONNEZ L'OCCASION AUX AUTRES DE SUIVRE VOTRE CHEMIN

Il n'y a pas que l'histoire des autres qui compte. La vôtre a également de la valeur et peut permettre à quelqu'un de réussir sa vie. Je suis toujours étonné quand je vois une personne qui a réussi et qui, malgré cela, choisi de vivre dans son petit coin sans avoir des relations et sans donner aux autres les outils de réussite qui ont étés les siens. Je trouve cela triste. Le fait que vous ayez réussi prouve que votre route peut être suivie, que votre histoire mérite d'être connue. Cela prouve que votre route mène à la réussite et qu'on peut la suivre. Vous devez vouloir attirer des gens pour leur indiquer le chemin, leur montrer comment vous avez fait. Certains l'ont fait en écrivant des œuvres littéraires expliquant leur parcours. D'autres ont ouvert des centres de formation et de motivation pour faire connaître les principes qui les ont fait réussir. Quoique vous ayez fait, où que vous soyez passé pour réussir, votre histoire mérite d'être connue. Imaginez ce que la Côte d'Ivoire, l'Afrique et même le monde aurait perdu si Monsieur Koné Seydou dit Alpha Blondy avait passé sa vie à chanter dans des endroits perdus ou juste pour lui-même ? Et que dire si DaBrown, Napoléon Hill ou David Schwartz et autre Maxwell, pour ne citer que ceux-là, n'avaient jamais mis leur connaissance par écrit ? Et sans prétendre être quelque chose, ce livre ne méritait-il pas d'être écrit et lu ?

Vous devez faire connaître votre parcours, rendre vos dons et talents accessibles aux autres, il n'y a rien de mal à cela. C'est une obligation morale que vous le fassiez. Expliquez aux autres le secret de votre succès. En leur montrant comment vous avez fait, il y a de fortes chances qu'ils connaissent aussi le succès.

11. LES AUTRES DONNENT UN SENS À VOTRE RÉUSSITE

Cette idée a été brièvement abordée dans le point 9. Votre réussite ne vaut rien sans les autres. Il faut quelqu'un pour vous féliciter, vous acclamer, reconnaître votre réussite et pour en parler. Vous ne pouvez pas avoir réussi et être en même temps monsieur tout-le monde. Il faut toujours quelqu'un pour en parler. Admettons que vous ayez remporté la médaille d'or aux jeux olympiques et qu'il ne se trouve personne pour vous féliciter et pour vous acclamer. Personne ne parle de votre performance, aucun média n'en fait écho. Croyez-moi vous aurez le sentiment de n'avoir rien accompli. En rentrant chez vous, personne ne vous attend à l'aéroport pour vous accueillir et vous célébrer. Une telle victoire ne pourra pas vous procurer de la joie. Même si nous ne sommes pas en compétition les uns avec les autres, on a toujours besoin des autres pour apprécier nos efforts, nos exploits, nos victoires. Ce n'est que lorsqu'ils nous acclament et nous félicitent que le goût de la victoire devient savoureux. Que ce soit pour une tenue, une coiffure, une voiture, une naissance ou un repas réalisé, vous avez besoin que quelqu'un le remarque, l'apprécie et vous félicite. Vous avez besoin des compliments des autres et de leurs encouragements. Si tout le monde est indifférent par rapport à votre réussite ou à toutes les choses que vous accomplissez qui méritent que l'on vous félicite, vous vous rendrez compte du besoin combien important des autres. Il faut des gens pour vous féliciter lors d'une promotion, à la naissance de votre bébé, pour votre mariage, pour votre nouvelle maison ou pour une voiture, etc. Ne l'oubliez pas, sans les autres votre réussite a un goût des plus fades.

12. LES AUTRES VOUS CONSEILLENT

"Écoute les conseils, et reçois l'instruction, afin que tu sois sage dans la suite de ta vie". (Proverbes 19v20)

"Les projets échouent, faute d'une assemblée qui délibère, mais ils réussissent quand il y a de nombreux conseillers". (Proverbes 15v22)

"La vie de l'insensé est droite à ses yeux, mais celui qui écoute les conseils est sage". (Proverbes 12v15)

Les sages aiment les conseils et les versets ci-dessus tirés de la Bible sont suffisants pour attester de l'importance et de l'avantage qu'il y a à aimer les conseils en provenance des autres. En effet les autres peuvent être utiles pour nous donner des conseils. Aucun de nous ne possède toute la connaissance et toute l'expertise. Plus les conseillers sont nombreux et plus vos chances de réussite sont excellentes. Être ouvert aux conseils est une preuve de sagesse. Le contraire est une marque de folie. Il se trouvera toujours quelqu'un qui a déjà fait votre expérience et dont les conseils peuvent vous être utiles. Il n'y a rien de nouveau sur la terre, les choses sont juste faites différemment. Ce qui vous semble nouveau ou une découverte à déjà été vu, vécu ou expérimenté. Si vous souhaitez réussir dans un domaine en particulier, faites-vous entourer par des experts et vous réussirez. Ne marchez pas seul, faites-vous entourer de personnes avisées et il vous sera sûr d'arriver, d'atteindre votre but et d'éviter des erreurs. Ne rejetez pas les conseils, ne méprisez pas les avis. Ils peuvent vous aider et vous faciliter la route.

Écoutons une autre sagesse :

"Mieux vaut une enfant pauvre et sage qu'un roi vieux et insensé qui ne sait plus écouter les avis". (Ecclésiaste 4v13)

Ne cessez jamais d'écouter les avis et de recevoir des conseils. Pour réussir vous devez avoir le cœur d'un enfant, être réceptif aux conseils, se laisser instruire. Permettez aux autres de vous conseiller. C'est aussi pour cela qu'ils sont dans votre vie. Un plus petit que soi peut donner un conseil plein de sagesse.

13. LES AUTTES VOUS RENDENT LA VIE AGRÉABLE

Vous l'avez déjà lu plusieurs fois à divers endroits du livre : on ne peut pas vivre seul. On a besoin des autres, d'avoir des amis pour quatre raisons essentielles :

*Un ami nous dit la vérité, motivé par l'amour qu'il nous porte même si ça peut parfois nous heurter ;

*Un ami nous donne en tout temps de sages conseils ;

*Avec un ami nous passons toujours de bons moments ;

*Un ami est toujours présent en temps d'épreuves tout comme dans les bons moments.

De nombreuses autres raisons justifient les relations amicales et vous êtes libres de les ajouter à celle que je viens d'énumérer. Les autres, notamment les amis, nous permette de vivre une vie joyeuse et heureuse. À la fin d'une semaine chargée je suis toujours heureux de retrouver un ou deux amis. Ils me procurent énormément de joie et de bonheur. J'espère qu'il en est de même pour les vôtres sinon changez-les ! Vous ne pouvez pas être heureux seul et devez nouer des relations. Relisez tous les points précédents pour vous rendre compte de l'importance d'avoir des relations. Toutes les relations, lorsqu'elles sont bien entretenues, nous aident à éviter une vie terne, monotone, ennuyeuse. Grâce à elles, nous sommes énergisés, renouvelés et revitalisés dans nos pensées. Je crois que les bonnes relations sont comme des engrais pour le cultivateur. Elles nous rendent plus productifs.

Puisque vos amis doivent vous rendre la vie agréable, évitez au maximum les relations toxiques, versées dans les critiques acerbes et dans les mesquineries. Protégez-vous des gens qui sont toujours découragés et choisissez à leur place des personnes qui vous influencent positivement et qui vous encouragent à progresser dans la vie. Les mauvaises relations sont des poisons insidieux. Tenez-vous loin des médisants, des manipulateurs et des gens abonnés aux commérages : << on dit que>> ; << il parait que...>> ; <<j'ai appris que...>>, etc. Vos amitiés et toutes vos relations en générale doivent vous rendre la vie agréable, l'améliorer, la propulser.

14. LES AUTRES COMBLENT VOS INSUFFISANCES

Vous avez des dons limités, une intelligence limitée, des forces et des connaissances limitées, etc. Pour toutes ces raisons vous avez besoin de la contribution des autres dans votre vie pour réussir. Henry Ford l'avait compris. Ford était cet américain qui avait mis le monde sur quatre roues en créant l'automobile. Il était sans instruction, pauvre et ignorant. On peut dire qu'au départ il était dans une situation défavorable. Mais il a réussi à braver ces handicapes pour devenir l'un des hommes les plus riches d'Amérique. Comment Henry Ford a-t-il fait ? Il est devenu l'ami intime de Thomas Edison, et plus tard celui de Harvey Firestone et

John Burroughs, trois hommes extrêmement intelligents. Grâce aux liens que monsieur Henry Ford a noué avec ces hommes, il a réussi à combler ses propres insuffisances. Vous pouvez faire la même chose. Reliez-vous à des personnes aussi intelligentes que vous, à celles qui vont plus loin que vous et vous serez obligé d'aller plus loin.

Les autres peuvent vous compléter d'une façon harmonieuse et merveilleuse. Ils font partie de votre capital pour réussir. Tirez profit de leurs dons et talents, de leur intelligence, leur expertise et de leur sagesse.

15. LES AUTRES SONT DES SOURCES D'INSPIRATION ET DE MOTIVATION

Pour vous motiver, vous encourager et vous inspirer, il n'y a pas de meilleur exemple qu'une personne comme vous. Les personnes qui réussissent autour de vous sont la preuve que vous pouvez réussir. En les observant, vous avez des raisons légitimes de continuer, de pousser, de vous battre et de ne pas abandonner. Tous ces gens sont la preuve que vous pouvez y arriver. Dans la vie, quel que soit le domaine, il faut toujours des modèles, des sources d'inspiration, des personnes qui montrent que réussir est possible. Vous avez le droit de vous inspirer de cette foule de témoins de la réussite. S'ils ont réussi, vous pouvez aussi réussir.

Imaginez à présent que vous soyez relié à tous ces gens, qu'ils soient devenus vos amis, la motivation ne serait-elle pas plus grande ? Les autres peuvent devenir vos références. La grandeur commence parfois dans l'ombre d'un géant. Les autres sont l'évidence même de votre miracle, que vous pouvez y croire, vous y attendre. Voici une histoire de la Bible qui peut mieux illustrer cette vérité.

Voici Elisabeth, ta parente, a conçu, elle aussi, un fils en sa vieillesse, et celle qui était appelée stérile est dans son sixième mois. (Luc 1v16)

Avez-vous remarqué les premiers mots de l'ange Gabriel ? Il commence son propos par : Voici Elisabeth... Que pouvons-nous en tirer comme leçon ? Eh bien nous pouvons le voir orienter l'esprit de la Vierge Marie vers Élisabeth et sur le miracle qu'elle est en train de vivre. Autrement dit, si quelque chose d'inattendue a été possible pour une personne connue ou non, à partir du moment où c'est un être humain, la même chose peut vous arriver si vous pouvez le croire, vous y attendre, vous inspirer de son histoire pour vous motiver. Un événement exceptionnel, inimaginable ou incroyable s'est certainement déjà produit dans la vie d'une personne que vous connaissez ou en avez entendu parler. Il peut en être de même pour vous. Prenez toutes ces personnes connues ou non comme des sources d'inspiration et de motivation. Il y a des milliers voire des millions d'Élisabeth dans ce monde. Vous pouvez trouver où retrouver la foi en les observant. Leur parcours et leur histoire peut vous encourager et vous garder dans le chemin de votre destin. Si vous le pouvez, comme Marie, reliez-vous à eux, pénétrez leur esprit, lisez leurs écrits, associez-vous à eux, devenez leur ami. Ne soyez pas de ceux qui passent leur temps à critiquer la réussite de leur entourage, qui investissent leur temps et toute leur énergie dans les calomnies et qui attribuent le succès de leurs semblables à la chance, au vol, au fétichisme ou à la sorcellerie. Apprenez plutôt de toutes ces personnes, posez-leur des questions pour savoir comment ils ont fait et inspirez-vous-en.

16. LA SAGESSE DES AUTRES

Tant que tu vis, apprend à vivre, me disait un ami mauritanien. L'apprentissage commence au berceau, mais il s'achève à la tombe.

Voici ci-dessous ce qu'a dit le sage :

Celui qui fréquente les sages devient sage. Mais celui qui se plaît avec les insensés s'en trouve mal. (Proverbes 13v20)

Il y a une vérité reconnue de tous : le poids de l'âge ne confère pas la sagesse. Cette noble pensée est d'Elihu prononcée dans son discours à son ami Job. Nous la lisons dans le livre de Job 32v9:

Ce n'est pas l'âge qui procure la sagesse, ce n'est pas la vieillesse qui rend capable de juger.

Cela dit, Elihu n'a jamais dit que les anciens n'étaient pas sages où ne pouvaient pas l'être. Les expériences de la vie, si on en a tiré des leçons, peuvent procurer de la sagesse profitable aux autres. La sagesse ne provient pas des bonnes ou des mauvaises expériences. Elle provient des bonnes leçons qu'on en tire. En quoi la sagesse des autres vous est-elle utile ?

Lorsque nous arrivions à l'adolescence, c'était pour la première fois, mais quelqu'un y avait été avant nous. Quand on est devenu adulte, c'était aussi pour la première fois, mais quelqu'un d'autre l'avait été avant nous. Nous arrivons à n'importe quelle période de la vie pour la première fois mais comme des gens avant nous ont vécu chacune de ces périodes, leur sagesse peut nous aider à réussir nos choix pour profiter d'une existence réfléchie. C'est également valable pour le mariage. Quelqu'un a été marié avant vous. L'emploi que vous exercez aujourd'hui a été exercé par quelqu'un avant vous. Et si vous venez d'avoir votre premier enfant, quelqu'un d'autre en élève déjà plusieurs et donc a été parent avant vous. Nous voulons tous le meilleur avenir possible et nous le méritons, mais l'avenir n'est rien sans l'héritage du passé. Cet héritage est aussi la sagesse des aînés et des anciens. Ils ont déjà vécu la plupart de nos expériences et sont capables de nous montrer la bonne direction. Pour cela nous devons nous relier à eux, les écouter pour que la transmission se fasse. Nous pouvons les écouter, les observer et apprendre à leur pied en vue de faire les meilleurs choix. Il faut déjà avoir une certaine sagesse pour vouloir tirer profit de la sagesse des autres. Et même si l'on manque de sagesse, c'est en fréquentant les sages qu'on devient sage.

Chaque période de la vie à ses batailles propres et la sagesse de ceux qui ont déjà mené chacune de ces batailles, qu'ils les aient remportées ou non, peuvent nous aider à traverser chacune d'elle, victorieusement. Voici les propos d'un stage africain : <<Un vieillard assis voit plus loin qu'un enfant arrêté.>> Je crois personnellement que cela est dû au fait que le vieillard assis à déjà été à l'endroit où l'enfant arrêté a les yeux fixés. Vous devez attirer les autres pour leur sagesse. Malheureusement tout le monde n'est pas sage, mais vous avez toujours la possibilité de vous relier aux personnes en qui vous reconnaissez de la sagesse. Jeune ministre de Dieu à l'époque, la majorité de mes amis étaient pour la plupart des hommes de Dieu avancés en âge. J'aimais être en leur compagnie et je crois que leur sagesse m'a beaucoup apporté dans la vie.

Dans les vieillards se trouve la sagesse, et dans une longue vie, l'intelligence. (Job 12v12)

De nombreuses personnes ont déjà marché sur le chemin qui est le vôtre aujourd'hui. D'autres l'ont fait dans les deux sens. Il y a quelqu'un qui vous observe et qui sait que vos choix, vos agissements ou votre façon de parler ne vous aideront pas à réussir votre vie. Écoutez-le et permettez-lui de vous donner de sages conseils.

17. LES AUTRES VOUS AIGUISENT

Le fer aiguisé le fer, ainsi un homme excite la colère d'un homme. (Proverbes 27v17).

Comme le fait remarquer le sage, pour aiguiser le fer, le polir en vue de le rendre tranchant, il faut le frotter contre un autre fer, un objet de la même nature que lui. Il en est de même dans les relations humaines. En vous reliant aux autres, vous avez l'occasion d'améliorer votre caractère et votre vie. De qu'elle manière cela arrivé-t-il ? Nous nous relions presque toujours à trois types de personnes : celles qui sont "au-dessus" de nous, celles qui sont "au même niveau" que nous, et celles qui sont "en dessous " de nous. Voici les différents types de relations dans lesquelles nous sommes où allons rentrer. Et puisque ce sont là les personnes avec lesquelles nous interagissons au quotidien, voyons ensemble l'impact de chacune de ces relations dans notre vie.

*Les personnes qui sont "au-dessus" de nous.

Les personnes qui sont "au-dessus" de nous sont les personnes qui ont une longueur d'avance sur nous dans un domaine où dans un autre. Elles en savent plus que nous, sont plus expérimentées, ont plus d'influence ou alors elles ont plutôt bien réussi dans un domaine dans lequel nous peinons encore à retrouver notre marque. Ce sont aussi des gens qui ont surgi de rudes épreuves capables de briser n'importe qui et qui sont outillés pour nous aider, nous encourager et nous motiver. Ils sont capables de nous améliorer dans bien de domaines. Ils sont capables de nous influencer positivement et nous pouvons apprendre d'eux pour améliorer notre caractère et notre vie. Ils représentent des modèles de réussite, de courage ou de persévérance. Ils vont loin dans la vie, sont déjà allés loin et ils peuvent nous entraîner avec eux dans leur élan.

*Les personnes qui sont "en-dessous" de nous.

Elles sont l'inverse des personnes qui sont au-dessus de nous. Ce sera donc à nous de les améliorer et de les élever au niveau qui est le nôtre tout en veillant à ce qu'elles ne nous entraînent pas vers le bas. La loi de l'association est une loi redoutable. Les personnes à qui vous vous relier peuvent vous améliorer, mais elles peuvent aussi, malheureusement, vous rendre médiocre ou improductif voire vous faire régresser si elles ne vous font pas vivre une vie malheureuse.

*Les personnes qui sont "au même niveau" que vous.

Les personnes avec qui nous sommes au même niveau ne peuvent pas vraiment nous améliorer. Ce sont des relations certes utiles puisque nous pouvons nous encourager mutuellement, mais elles ne pourront pas nous apporter plus que cela. Regardez Joseph en prison en Égypte. Vêtu d'une tenue de prisonnier, il a à sa droite un prisonnier et à sa gauche un autre prisonnier tous deux vêtus comme lui. De même bien souvent nous passons toute notre vie entourée de personnes de la même condition que nous si elle n'est pas pire. Prenons un exemple pratique. Vous avez un souci dans votre ménage et vous le racontez à votre compagnon (de prison) dans l'espoir d'avoir un conseil qui vous aide à régler votre différend avec votre épouse. Mais au lieu de cela, cet ami vous raconte ses propres problèmes de foyer et vous vous rendez compte que votre situation est bien meilleure à la tienne. Lorsque nous marchons avec des personnes de la même condition que nous, nos chances sont minimes pour vivre une vie différente à la leur. Les personnes capables de vous aiguiser et de vous améliorer sont celles qui sont au-dessus de vous. Voici des personnes avec lesquelles vous gagnerez à être relié. Frottez-vous à elles si vous souhaitez aller loin. Ce qui a marché pour elles et qui les a fait réussir pourrait tout aussi bien marcher pour vous et vous faire réussir. Je vous invite à nouer des relations utiles, fécondes, stratégiques et productives. L'important n'est pas seulement d'avoir des amis ou de connaître de nombreuses personnes qui ne peuvent vraiment rien vous apporter. Le plus important est d'apprendre ou de recevoir quelque chose de profitable à votre vie.

Vous pouvez acquérir un esprit paisible en vous frottant à un esprit paisible. Vous pouvez devenir sage en fréquentant des sages, devenir meilleur en marchant avec les meilleurs de leur génération. Les qualités et les valeurs sont contagieuses. Les autres peuvent vous transmettre leur esprit de gagneur. Ils peuvent vous donner des armes et des outils qui vous feront réussir tout comme eux. Vous pouvez devenir plus respectueux en fréquentant des personnes qui le sont à cause de la loi de l'influence. Le fer aiguise le fer et l'homme aiguise le caractère de son prochain.

18. LES AUTRES VOUS PERMETTENT D'APPRÉCIER VOTRE VIE

Si le contact avec les autres peut vous améliorer, il arrive aussi qu'il vous donne l'occasion d'apprécier votre vie. Bien souvent c'est grâce aux autres qu'on découvre que finalement l'on n'est pas si malheureux que cela, que notre situation n'est pas désespérée et qu'elle est bien mieux par rapport à celle de nombreuses personnes. En général, loin de comparer nos vies, lorsqu'on ignore ce qui se passe chez les autres, dans leur vie à cause des apparences de joie, de succès ou de bonheur, il arrive que l'on se plaigne en tout temps et pour tout. On se sent mal logé voire oublié par Dieu. Mais quand on les approche, quand on écoute leur histoire et qu'on découvre la vérité au sujet de leurs challenges, défis, combats et autres difficultés, on réalise alors que notre vie vaut la peine d'être vécue, même si on ne vit pas sa vie dans la comparaison avec celle les autres, leur chemin n'étant pas le nôtre.

Certaines personnes, les morts-vivants, ont le don de se plaindre de tout ou presque. Elles se plaignent au sujet de leur emploi, leur mariage, lieu d'habitation, ce qu'elles n'ont pas et pour toutes les choses qu'elles aimeraient avoir pour être enfin heureuses. Elles vivent leur vie en fonction des autres et sont obligées de la vivre constamment sous perfusion. Croyez-moi, même si les gens peuvent et sont souvent vraiment heureux, ce n'est pas toujours le cas. Derrière les larges sourires sont parfois dissimulées de grosses larmes, des frustrations et des regrets. L'apparence est trompeuse. Si vous découvrez ce qui se passe vraiment chez certaines personnes qui font partie de vos relations, vous verrez qu'il y a de très nombreuses choses appréciables dans votre vie.

Quel que soit votre vie et peu importe vos combats, je reste persuadé qu'il y a de nombreuses choses dans votre vie dont vous pouvez être fier. Vous devez seulement les reconsidérer. Ça pourrait être votre parfaite santé, les gens qui vous aiment, votre emploi, votre famille, etc. Certains n'ont rien de tout ça. Appréciez votre vie pour chaque instant. La découverte des problèmes des autres n'est pas une invitation à rester là où vous êtes. Au contraire cette découverte doit vous motiver, non pas à vous satisfaire de votre présent pour ne pas progresser ni vous améliorer, mais plutôt vous montrer que tout le monde a des combats, que certains sont visibles et d'autres pas et que vous avez des raisons de vouloir le meilleur pour vous-même. Vous devez continuellement entretenir des pensées positives au sujet de vous-même et de votre vie. Ne faites aucune fixation sur la vie des autres pour vivre la vôtre en fonction. Ne l'oubliez pas, et je vous encourage à confier cela à votre mémoire : Vous n'êtes pas en compétition avec les autres. Vous avez votre propre don et votre propre voie. Concentrez-vous sur vous et continuez d'avancer

19. LES AUTRES SONT DES CLEFS D'ACCÈS RAPIDES ET DES FACILITATEURS DE DESTINÉE.

Une autre raison qui devrait vous encourager à vous faire des amis est c'est autre découverte : les autres peuvent être des clefs d'accès rapides à certaines sphères : lieux, personnes, opportunités, informations, etc. Quelqu'un peut vous ouvrir une porte qui vous est fermée depuis longtemps ou vous faciliter l'accès à quelqu'un d'important pour vous ou à un endroit que vous peinez à atteindre. Quelqu'un peut être pour vous un raccourci vers la bénédiction. Permettez-moi de vous raconter une petite histoire. Il s'agit d'un jeune homme très sympathique et serviable qui avait fait la connaissance d'un homme d'un certain âge et qui l'avait servi aussi fidèlement qu'il a pu sans jamais savoir ce que cet homme faisait réellement dans la vie. Jamais il ne s'était imaginé que sa rencontre avec cet homme qu'il avait pour patron changerait définitivement sa vie. Après quelques années de loyaux services, son patron le remercia et lui fit la promesse de l'appeler un jour. Des années passèrent sans suite et les deux se sont perdus de vue. Si le jeune homme avait perdu le contact de son ancien employeur, l'homme par contre l'avait soigneusement noté quelque part dans un endroit de son calpin. Un jour, alors qu'il marchait dans les rues de la cité administrative ivoirienne le plateau à la recherche d'un emploi, il reçu un appel d'un numéro masqué. Au bout du fil c'était l'homme qu'il avait servi il y a 5 ans et qui lui avait fait la promesse de l'appeler un de ces jours. Après quelques mots échangés, son ancien patron lui donna rendez-vous le lendemain dans ses bureaux. Il louait une partie d'un luxueux immeuble aux deux plateaux qui servait de bureau administratif pour l'ensemble de ses entreprises. Le jour J notre ami se rendu à l'adresse indiquée non sans s'être mis sur son 31. On ne sait jamais. La suite, le jeune homme reçu une proposition de travail : devenir le responsable commercial d'une petite entreprise, la plus petite parmi toutes celles que possédait son ancien employeur.

Voici de quelle manière sa relation lui a donné un accès à une position élevée sans avoir fait au préalable une demande d'emploi. Ce type d'exemple est légion. Les relations bien entretenues peuvent ouvrir des portes inespérées, difficiles d'accès, vous introduire dans des endroits pour lesquels vous n'avez ni qualification, ni formation. Ce sont ces relations que j'appelle des clefs ou des facilitateurs de destinée ou encore des raccourcis vers la bénédiction. Qui n'a jamais évité une longue file d'attente par un temps froid ou sous le soleil juste pour avoir été reconnu dans la foule par quelqu'un ? Qui n'a jamais été dans un endroit où il n'aurait jamais pu sans l'aide d'un ami ? Une relation est souvent la clef qu'il nous faut pour ouvrir une porte. Certaines sont la porte déjà ouverte au-devant de nous.

On ne saurait faire une liste exhaustive des avantages qu'il y a à avoir des relations. Connaître quelqu'un est parfois suffisant pour passer certains obstacles. Nos vies sont faites de relations et en dépendent. Ne négligez jamais ce qu'une relation peut vous apporter. Il vaut mieux entretenir vos relations du mieux que vous le pouvez, vous y investir. C'est souvent plus qu'avoir de l'argent dans certaines situations. Grâce à une relation vous pouvez rencontrer des rois, des hommes d'affaires importants, etc. Vos relations peuvent vous faire contourner certaines difficultés et contraintes. Vous rappelez-vous de cette phrase à un endroit du livre ? "Je connais quelqu'un qui connaît quelqu'un." Vos relations peuvent vous donner accès à des gens importants sans aucun protocole particulier. Je vous encourage à nouer des relations, à attirer les autres à vous et surtout à prendre soin de vos relations.

20. LES AUTRES VOUS FORCENT À VOUS CULTIVER

Ce point devrait encourager ceux qui ne possèdent aucun niveau d'instruction et qui, pour cette raison, traînent toute leur vie un complexe d'infériorité, tentent de se réfugier dans la honte ou la colère. Personnellement ma soif de connaissance dans divers domaines et principalement dans celui de la parole de Dieu est née d'un faible niveau de connaissance que j'avais jadis par rapport aux personnes avec lesquelles j'étais en relation. Elles étaient des érudits face à mon niveau d'ignorance. Je les appréciais tant j'étais frappé par leur niveau élevé de connaissance, non seulement dans la parole de Dieu, mais aussi dans divers domaines. J'ai donc pris la résolution d'étudier, d'apprendre, de me cultiver, de m'instruire. Personne ne pouvait le faire à ma place. Observez les personnes qui vous entourent, vos amis et connaissances. Le fait qu'ils s'expriment bien mieux que vous, ont de la connaissance dans des domaines variés, possèdent une expertise ou une spécialisation dans leur domaine ne vous stimule-t-il pas à ne pas rester ignorant? Aujourd'hui plus qu'hier la connaissance est plus accessible que jamais et ne coûte presque rien du tout. Il est plus facile d'apprendre dans le siècle présent. Pourquoi devriez-vous continuer votre vie dans l'ignorance quand vous pouvez apprendre de nombreuses choses et ainsi vous améliorer ? Qu'est-ce qui vous empêche d'apprendre, de vous faire former et de vous instruire ? Pourquoi n'investissez-vous pas sur vous ? Pourquoi par exemple ne souhaitez-vous pas apprendre à lire et à écrire ? Je vous suggère d'abandonner toutes les excuses que vous vous êtes donné jusqu'ici et vous encourage à vous cultiver. Investissez dans la connaissance, c'est la clef de la liberté. Apprendre n'est pas une perte de temps, c'est un temps investi. Vous pouvez étudier n'importe quelle discipline, apprendre une nouvelle langue, vous spécialiser dans un domaine de votre choix, etc aujourd'hui plus qu'hier le monde recherche des spécialités. Apprendre, étudier et s'instruire c'est investir dans son avenir. Ne restez pas là à attribuer à la chance le succès des autres. Si chance il y a alors vous en avez aussi. Décidez dès aujourd'hui que vous voulez en finir avec votre complexe d'infériorité dû à votre manque d'instruction.

Il y a quelques temps j'ai fait la connaissance d'une jeune femme de 29 ans alors que je travaillais à l'écriture de ce livre. Elle s'appelle D. Comme moi D est passionnée par les livres. J'ai d'ailleurs partagé quelques lignes de cette œuvre avec elle. J'ai toujours été fasciné par le niveau de culture, de connaissance et d'éloquence de D. Un jour au cours d'une discussion avec elle, je lui ai posé la question de savoir dans quelle université elle avait étudié et qu'elle avait été sa filière. Elle fit un sourire du coin de la bouche et répondit : <<Je n'ai pas eu la chance d'y aller. Papa nous a quitté très tôt et je n'ai pas pu aller au-delà de la quatrième année du collège.>> Surpris je lui ai demandé : << Mais alors comment as-tu fait pour avoir autant de connaissance ?>> D. me fit alors savoir qu'elle avait tellement soif de connaissance qu'elle s'est investie elle-même dans son instruction à travers les livres. Elle dévorait autant de livres qu'elle pouvait, des livres de motivation, des livres de sciences, des livres religieux, etc. Tout ce travail l'a aidé à s'améliorer et à rattraper son retard sur ses amies. D. participe à tout type de débats et n'a aucun complexe. Je crois qu'elle a un niveau doctorat ou master sans le diplôme.

Vous pouvez faire comme elle. Vous pouvez étudier les sujets qui vous passionne, achetez des livres inspirants. N'arrêtez pas d'apprendre. Observez les gens autour de vous. Comment font-ils pour apprendre et faites de même. Instruisez-vous ! Il n'y a pas d'âge pour apprendre quelque chose. Ne mettez pas votre esprit à la retraite et ne vous condamnez pas à l'ignorance. Apprenez car vous êtes l'unique responsable de votre éducation.

21. PROFITEZ DE LA DIFFÉRENCE AVEC LES AUTRES

Les avantages qu'il y a à se faire des relations sont nombreuses et il est encore plus stimulant de fréquenter des gens différents de nous, des personnes qui ne partagent pas toujours nos centres d'intérêt. Nul ne progresse véritablement en limitant son milieu social au même type d'individus. La vie deviendrait alors monotone et routinière. Quand vous vous reliez à différents types de personnes, vous apprenez beaucoup plus et devenez un expert dans l'art de comprendre les autres. Les pasteurs et les motivateurs ont un léger avantage dans ce domaine. Ils interagissent au quotidien avec toutes sortes de personnes. Faites-vous de nombreux amis, élargissez votre cercle social. La variété dans tous les domaines ajoute toujours du piment à la vie et ouvre de nouvelles perspectives. Si tous vos amis pensent comme vous, vos relations n'auront aucun avenir. Le fait d'avoir des relations différentes élargit vos idées. Fréquentez des gens d'autres religions, d'autres pays et d'autres ethnies. Ayez pour amis des gens différents de vous. Mais comme vous ne pouvez pas vous relier à n'importe quel individu, assurez-vous que la personne a un potentiel réel et la volonté de réussir. J'ai toujours eu beaucoup de difficultés à me lier d'amitié avec les gens qui ne s'intéressent qu'à eux, au lieu de résidence des autres, à la marque de leur voiture ou de leurs vêtements, au mobilier de la maison, à la dimension de la télévision et pour qui les idées n'ont pas de valeur. Ce sont des personnes négatives qui n'encouragent jamais et qui ne parlent jamais de réussite.

Aimez les différences, ne vous ennuyez pas dans vos relations. Celui qui ne pense pas comme vous n'est pas toujours un obstacle à votre progression ni à votre bonheur. Au contraire il est une richesse.

22. LES AUTRES POUR PARTAGER VOS PEINES, VOS DOULEURS ET VOS JOIES

La vie est régie par des principes et parmi ces principes il y a celui-ci : Réjouissez-vous avec ceux qui se réjouissent, et lamentez-vous avec ceux qui se lamentent. Il n'y a vraiment relation lorsque nous partageons nos douleurs. C'est dans ces moments-là que les relations atteignent leur niveau le plus élevé. Il y a aussi relation lorsque nous partageons la joie de nos amis et connaissances. Nous reconnaissons la valeur d'une relation dans les moments de joie mais surtout dans les moments où nous traversons une mauvaise passe. Lorsque les personnes qui comptent pour nous et pour lesquelles nous comptons sont là.

Vous avez besoin des autres pour partager vos joies ainsi que vos peines. Quand on est rongé par le chagrin, le désespoir et une profonde souffrance, on a besoin que quelqu'un soit là pour nous soutenir, nous consoler, nous fortifier et nous relever moralement. On a besoin d'encouragements. C'est là une raison supplémentaire d'être riche en amitié. Pour nous qui motivons les autres, force est de reconnaître que nous sommes aussi des êtres humains et nous ne sommes pas exemptés de situations douloureuses, de périodes de confusion où nous avons besoin d'amis pour nous fortifier et nous aider à aller de l'avant. Même les hommes d'église connaissent aussi ces moments-là. Je le sais parce que j'en suis un.

N'essayez pas de souffrir tout seul dans votre coin par orgueil ou parce que vous avez honte d'avoir échoué. Partager vos peines avec les autres n'est pas une faiblesse, au contraire cela vous rendra plus fort. Tout le monde peut prendre une claque et en parler n'est pas synonyme de faiblesse. Vous devez nouer des relations, attirer les gens parce que vous pouvez avoir besoin d'eux dans certaines situations défavorables. Parfois l'assistance morale des autres est nécessaire pour ne pas sombrer définitivement ou durablement. Peu importe le type de problème qui vous ronge, en parler avec un ami peut vous aider à sortir de là rapidement, à faire de la situation un arrêt momentané et non un cul de sac. Bien évidemment ce point ne saurait être une invitation à étaler vos problèmes sur la place publique ou devant n'importe qui. Surtout à les expliquer à une personne qui n'en a que faire, qui n'a pas les moyens ou qui n'est pas outillée pour vous aider. Il s'agit ici de voir dans vos relations quelqu'un qui peut vous aider à surmonter l'épreuve. On a tous un ami comme ça. Des Eliphaz, des Bildad et des Tsopher (Job 1v11). Il est vraiment inutile de porter seul sa peine quand des personnes bienveillantes et qui vous aiment peuvent venir à votre rescousse pour pleurer avec vous et vous fortifier. Parler de ce qui ne va pas à un ami est libérateur alors ouvrez-vous et laissez-s 'en aller la douleur. Qu'un problème soit grave ou bénin, la délivrance peut venir des autres.

23. LES AUTRES POUR AIMER ET POUR ÊTRE AIMÉ

Toutes les blessures, les déchirures, les divisions, les conflits et tous les problèmes relationnels sans exception proviennent exclusivement du manque d'amour. L'être humain, cette merveilleuse créature, cet être unique et exceptionnel a été créé pour être aimé et pour aimer. L'amour est le seul ciment des relations humaines quel que soit le type de relation. Nul ne peut évoluer dans une relation familiale, amicale, professionnelle et amoureuse sans amour. Si vous arrêtez d'aimer vous arrêtez de vivre. Il est vrai qu'on ne peut pas être aimé de tout le monde car il est impossible de plaire à tout le monde, de faire l'unanimité et c'est justement là que se teouve le problème. Avez-vous imaginé un seul instant ce que serait le monde si on s'aimait tous ? Il ne se porterait que mieux mais le manque d'amour rend ce rêve utopique.

Une vie motivée par l'amour fait toute la différence. Elle est la plus harmonieuse et la plus heureuse des vies. L'amour est l'ultime raison pour laquelle nous nouons des relations. On veut être aimé et on veut aussi aimer. Ce fait est capital : tout le monde recherche l'amour parce que tout le monde en a besoin. Méditez sur cette vérité. Tout le monde sans exception a besoin d'amour. Votre famille, vos amis, vos voisins, votre conjoint, votre patron, vos collègues, vos enfants, vos employés ou vos clients désirent être aimés. Vous-même avez besoin d'être aimé. Même les gens amères, haineux ou cyniques souffrent du manque d'amour. L'amour est le seul ingrédient dans la formule d'une relation harmonieuse, paisible, heureuse et prospère. Comprenez le principe élevé de l'importance de l'amour et de l'être humain. Prenons en exemple un enfant qui n'a pas été aimé par ses parents. Il deviendra tôt ou tard une personne amère, médiocre, haineuse, un problème pour lui-même et pour la société si personne ne le sauve en l'aimant. Aimer une personne est le moyen par excellence de lui donner le sentiment réel de sa valeur et de son importance. Le manque d'amour affecte négativement un individu dans tout ce qu'il est et dans tout ce qu'il fait. Son caractère, sa vie relationnelle, son rendement professionnel et sa vie personnelle en sont affectés.

De quelle manière pouvez-vous aimer les autres ? Lisons la déclaration de l'apôtre Jean :

'Petits enfants, n'aimons pas en paroles et avec la langue, mais en actions et avec vérité." (Jean 3v18)

Arrêtons-nous un instant sur ces paroles pleines de sagesse. L'amour n'est pas un art oratoire. Il n'est pas un discours ni une allocution. Dire je t'aime n'est pas suffisant et donc ne constitue pas une preuve d'amour. L'amour doit se traduire en actions concrètes faites dans la vérité. L'amour pose des actions d'amour. En voici quelques-unes :

*La patience

L'amour se traduit dans la patience que nous sommes en mesure de manifester envers les autres.

*Se réjouir du bonheur des autres

L'amour ne manifeste ni envie, ni jalousie. Il ne manifeste aucune aigreur quand les autres réussissent ou célèbre quelqu'un ou un événement heureux. Au contraire il se réjouit du bonheur et de la réussite des autres.

*L'humilité

L'amour valorise les autres. Il les voit comme étant au-dessus de soi et les fait de sentir important.

*L'honnêteté

L'amour ne fait rien de malhonnête. Il ne gruge pas les autres, ne les spolit pas, ne les trompe pas et ne les manipule pas. Il évite les abus.

*Recherche l'intérêt d'autrui

L'amour se soucie de l'intérêt des autres. Il veille à ce que tout le monde gagne. Et même si tout le monde ne peut pas gagner, dans l'amour on gagne sans vouloir que les autres soient perdant.

*Voit le bien chez les autres.

Tout le monde a des insuffisances. Aimer les autres c'est avant tout regarder ce qu'il y a de bien en eux.

*Le pardon

On ne peut pas aimer sans pardonner. L'amour pardonne aux autres leurs erreurs et leurs imperfections.

*La douceur

L'amour dit la vérité mais le fait dans la douceur. La vérité sans amour devient de la dureté. Il vaut mieux redresser les gens que de vouloir les dresser comme on le ferait pour un chien

*L'espoir

L'amour espère toujours que les autres changeront en bien un jour.

*Supporte les faiblesses des autres

On ne saurait prétendre aimer quelqu'un sans supporter ses faiblesses car nous en avons aussi.

24. LES AUTRES POUR CHANGER

Les bonnes relations nous améliorent toujours. Elles nous changent et ces changements sont parfois radicaux. Une relation avec une personne peut vous changer dans votre caractère et dans vos habitudes si vous n'êtes pas trop rigides, inflexible et hostile au changement. Quand on voit une personne sûre d'elle, soignée, intelligente, efficace, respectueuse, aimante ou douce, sachez qu'elle n'est pas toujours née comme ça. Elle y a durement travaillé pour devenir la personne qu'elle est devenue. Les bonnes habitudes, tout comme les mauvaises, sont créés par chacun d'entre nous au jour le jour et elles se prennent aussi à partir des influences que les autres peuvent exercer sur nous. Ne dit-on pas que qui s'assemblent finissent par se ressembler ?

Vous pouvez arrêter de bâtir votre vie sur vos défauts et changer à partir des interactions que vous avez avec les autres, avec les personnes qui vous influencent positivement. C'est en observant les autres que j'ai réalisé l'importance d'investir sur moi, de changer des habitudes qui ne me permettaient pas d'atteindre mes objectifs. Quand j'écoute un bon orateur, je ne dis pas juste oh comme il parle bien, qu'il est instruit ! Je vois plutôt là l'opportunité pour moi-même d'investir dans mon instruction et d'apprendre à parler. L'instruction dans laquelle j'ai pris l'habitude d'investir n'est pas celle qui me donnera forcément un diplôme. Je recherche plutôt la compétence. L'instruction ne se mesure pas à la quantité des choses accumulées par votre esprit mais plutôt à la qualité de votre pensée.

Voyez les gens humbles, respectueuses et aimantes comme des simulateurs de bonnes habitudes et travailler à changer ce qu'il faut dans votre façon d'être et de faire les choses. Les autres peuvent vraiment vous permettre de changer si vous êtes souple et ouvert aux bonnes habitudes. Le changement de paradigme peut s'opérer de cette façon, avec l'apport des autres. Lorsque quelqu'un exerce sur vous une bonne influence, saisissez l'occasion de changer quelque chose dans votre vie. On n’est jamais la version la plus aboutie de nous. Il y a toujours quelque chose sur laquelle nous devons travailler pour changer et nous rapprocher le plus près possible de la perfection qu'il est humainement possible d'atteindre.

Si vos habitudes, votre attitude et votre manière de penser ne vous donnent pas d'atteindre vos objectifs, pourquoi ne pas les laisser et les remplacer par de bonnes habitudes, une attitude gagnante et une façon de penser que vous pouvez observer chez ceux qui réussissent ? Ne minimisez pas l'impact qu'une personne peut avoir sur une autre au point de provoquer chez elle un changement des plus radicaux. Si cette influence est positive le changement qui en résultera ne sera que positif. Je vous encourage à vous connecter à des personnes intelligentes, pleines de potentiel et animées de la volonté de réussir. Des personnes qui n'ont pas de temps à perdre dans les critiques, les calomnies et les comérages. Pour des changements positifs il vous faut éviter les personnes négatives. Les mauvaises compagnies corrompent les bonnes mœurs. De l'enfance à l'âge adulte, nous apprenons par observation, par la compréhension des choses vues ou observées, puis par imitation. Vous ne pouvez pas bien apprendre autrement. Permettez aux autres de faire arriver des changements positifs dans votre caractère, dans vos habitudes mauvaises, dans votre façon de penser, de travailler et de parler, etc.

CE QUE VOUS DEVEZ SAVOIR EN PLUS AU SUJET DES RELATIONS

Toutes les relations humaines reposent sans exception sur un principe : le principe d'intérêt. Pour qu'une relation soit viable, il faut que les parties engagées y trouve chacune un intérêt, qu'elles gagnent individuellement puis collectivement. Si une partie ne gagne pas, s'il n'y a plus pour elle aucun intérêt dans la relation, elle s'en retirera faute d'intérêt. Nul ne peut investir ni s'investir dans une relation amicale, amoureuse ou professionnelle sans aucun espoir de retour. Quand on se sent lésé, trompé, dupé, manipulé ou exploité, la meilleure décision à prendre, et dans son propre intérêt, est de mettre un terme à la relation à moins qu'une ou les deux parties fassent ce qu'il faut pour la sauver. Ce pour quoi vous êtes en relation avec une ou des personnes demeure la garantie de la survie de ladite relation et vous devez le préservez.

Si les relations naissent la plupart du temps de concours de circonstances qu'on ne peut pas toujours appréhender, prévoir, toujours est-il que les gens ne peuvent pas marcher ensemble sous la contrainte ou juste pour se perdre du temps. Ils sont en relation parce qu'ils l'ont voulu d'une part et parce qu'ils y trouvent leur intérêt d'autre part. Ces intérêts sont multiples. Ils peuvent être d'ordre spirituel, financier, matériel, amoureux, moral, professionnel, médical ou familial.

Retenez cela : personne ne marche avec autrui en vain. Et même si c'est juste parce que l'on se sent bien, c'est là tout l'intérêt. C'est pourquoi les relations profondes n'arrivent pas par infraction. Elles se bâtissent et ce selon des intérêts bien précis et connus des parties engagées. Chacune d'elle à sa raison propre d'être dans la relation. La durée d'une relation interpersonnelle dépend de nombreux facteurs mais nous n'en retiendrons que deux : le type de relation et les intérêts en jeu. Je l'avais déjà souligné, lorsque deux personnes en relation ne voient plus pour elles aucun intérêt à être ensemble, où si l'une d'elle remarque qu'elle est perdante dans la relation, ce sera logiquement la fin de celle-ci. Il est donc important que dans tout type de relation chaque partie engagée œuvre à garantir et à préserver les intérêts de l'une et de l'autre partie. Toute relation repose sur un égal intérêt des parties engagées. C'est, il me semble, l'unique moyen pour faire durer une relation dans le temps. Tout le monde doit gagner dans la relation.

Prenons en exemple deux personnes pour qui il serait difficile voire impossible de devenir ou de rester amis sauf si l'une renonce à ses valeurs pour épouser celles de l'autre. Nous les appelons Claude et Léon. Claude veut réussir et a choisi le chemin de la facilité comme moyen pour y arriver. Il souhaite se faire une place sous le soleil sans travailler durement et intelligemment. Tous les moyens sont bons pour lui pour gagner sa vie. Il est prêt à jouer sa vie. Claude ne croit pas en son potentiel ni aux efforts. Léon veut la même chose que Claude : réussir sa vie. Contrairement à Claude, Léon est un homme diligent, un travailleur acharné. Il est convaincu en son for intérieur qu'il y a un prix à payer pour la réussite et il est prêt à le payer. Il est persuadé que rien ne viendra à lui facilement.

Dites-moi de quelle manière Claude et Léon pourraient-ils devenir amis ou le rester longtemps s'ils sont déjà en relation ? Les deux évoluent dans deux paradigmes diamétralement opposés. S'ils désirent tous deux la même chose, leur chemin sont différents et opposé. L'un ne trouve aucun intérêt dans la façon de penser et de marcher de l'autre. Prenons un second exemple pour nous rendre compte que certaines relations sont, dès le départ, vouées à l'échec. C'est le cas de Paul et Chloé, deux jeunes amoureux qui rêvent d'un mariage heureux et d'une merveilleuse famille. Du moins c'est le rêve de Paul. Il a aimé Chloé et rêve de fonder une famille avec elle. Paul est une personne attachante et aimante. Il est totalement engagé et dévoué à sa dulcinée. Vivre heureux avec Chloé sa fiancée est sa priorité. Chloé par contre ne donne pas autant que Paul qui se demande souvent si elle l'aime. Bien qu'elle soit en relation avec Paul, sa famille et ses amis passent avant lui. Ils sont sa priorité. Elle préfère de loin être en leur compagnie qu'avec Paul qui n'arrête pas de s'en plaindre. Chloé investit énormément sur elle-même par rapport à son confort et à son bien-être personnel que sur la relation. Il n'y a qu'elle et ses envies qui importent. Ce que Paul pourrait aimer pour se sentir bien dans la relation avec elle n'est pas vraiment son souci. D'ailleurs elle ne fait rien de mal et ne comprend pas l'attitude de Paul dont elle se plaint aussi. Chloé ne semble pas se préoccuper de la famille et du genre de couple que Paul voudrait construire ensemble avec elle. Après plusieurs mois d'efforts, Paul a fini par se rendre compte que ce qui compte pour lui ne compte pas pour sa fiancée. La moisson est bien maigre par rapport à l'énergie investie dans la relation. Si Chloé ne se ravise pas, la relation finira par se briser. Pourquoi ? Elle se brisera parce que toute relation repose sur un égal intérêt des parties engagées.

Pour que les relations fonctionnent il faut du 50/50 et maintenir pour chaque partie ce taux d'implication. Toutes les relations sans exception sont des affaires. On y investit pour gagner et nous pour être lésé. Par exemple la relation amoureuse est une affaire d'amour. Deux personnes décident de se mettre ensemble pour investir de l'amour l'une dans l'autre. Chacune d'elle est donc en droit de s'attendre à des retombées proportionnellement à son niveau d'investissement dans la relation. Chacun s'attend à être aimé avec la même intensité d'amour investie sinon on se sentira utilisé, dupé ou manipulé. Cette affaire d'amour ne pourra pas prospérer si tel était le cas. Dans la relation amoureuse, l'amour réciproque est l'intérêt des amoureux. On aime et on voudrait se sentir aimé en retour.

Chaque type de relation à son intérêt propre et cet intérêt doit toujours être préservé. Le meilleur moyen d'y arriver est de faire passer les intérêts d'autrui avant les siens. Le principe d'intérêt régi toutes les relations interpersonnelles. Ce n'est pas différent entre les nations. Tous les accords, traités ou les partenariats sont des jeux d'intérêts. Toutes les nations, dans leurs relations avec les autres, veillent à ce que leurs intérêts de paix, d'intégrité territoriale, de développement, de sécurité et de survie soient garantis, préservés. Dans le cas contraire se sera la rupture ou la guerre. Aucune paix ne se construit au détriment des intérêts individuels et collectifs des parties engagées. Le principe d'intérêt est valable pour tout type de relation.

Quoique vous recherchiez dans la vie ou quoique vous poursuivez comme rêve, vous êtes appelé à interagir avec d'autres personnes sauf si vous avez fait le choix de la solitude, choix qui ne vous sera pas profitable. En fonction de vos buts, les gens ou les relations seront un facteur important ou non. Les gens vous seront utiles à condition de bien les choisir. Si vous vous mettez en relation avec de mauvaises personnes, au lieu de vous renforcer, elles vous affaibliront. Vous devez pouvoir trouver un bon intérêt dans vos relations. Reliez-vous à des gens qui peuvent faire la différence dans votre vie, vous améliorer, vous ajouter un plus, vous compléter merveilleusement. Associez-vous à la bonne personne pour chacun de vos buts. Avant de savoir qui est la bonne personne pour vous, pesez-vous la question suivante : Quel genre de personne je recherche ? Voici néanmoins quelques moyens que devrait posséder une personne susceptible de vous accompagner :

*Trouvez quelqu'un qui vous inspire et qui croit en vous.

*Reliez-vous à une personne qui peut vous parler avec franchise, qui peut vous dire la vérité, une vérité qui peut vous faire grandir et vous améliorer.

*Associez-vous à des gens dont les aptitudes complètent les vôtres. Vous ne pouvez pas tout faire.

*Associez-vous à des personnes qui ont un véritable potentiel et qui veulent réussir.

*Associez-vous à des personnes qui ont réussi et cela vous motivera davantage. Vous pourrez également bénéficier de leur conseil.

*Recherchez l'aide des gens loyaux.

*Associez-vous à des personnes qui vous aiment.

Au-delà de tout ce qui peut être dit, voici une vérité à graver dans votre esprit : vous êtes né pour réussir et cette réussite repose sur l'appui des autres. Peu importe qui vous êtes et ce que vous faites, vous dépendez des autres. Ne vivez pas votre vie centrée sur vous. Gardez-vous de l'impression de tout savoir. Valorisez les autres, respectez-les, aimez-les et découvrez leur importance dans votre vie.

CONCLUSION

Nous voici à la fin de notre livre. J'ai essayé de prouver qu'on a besoin des autres pour tout ce que nous voulons accomplir dans ce monde. Dieu a conçu la vie de sorte à ce que nous dépendions directement ou indirectement des autres. Notre vie a commencé ainsi. Depuis le ventre maternel nous dépendions totalement de nos mères pour rester en vie. On était lié à elles dans une dépendance totale. Et même quand on est né, la dépendance ne s'est pas arrêtée. Nous sommes dépendants du sein maternel jusqu'à la tombe. Seules les personnes orgueilleuses peuvent affirmer qu'elles n'ont besoin de personne. Que vous soyez assez fort ou riche pour vous en sortir tout seul, vous avez quand même besoin des autres.

Aucune perfection n'est possible sans les autres. Vous devez votre importance aux autres. Que vaut un directeur sans des gens à diriger ? Que vaut une star sans des fans ? Pouvez-vous vendre sans qu'il n'y ait des acheteurs ou acheter sans qu'il n'y ait des vendeurs ? Existe-t-il un orateur sans un public ? Les raisons pour lesquelles nous avons besoin de nous relier aux autres sont bien plus nombreuses que celles énumérés dans cet ouvrage et vous êtes libre de les ajouter. Les enfants ont besoin de leur parent, les conjoints ont besoin l'un de l'autre, les malades ont besoin d'être soignés par des médecins, les élèves et les étudiants ont besoin de professeurs, les morts ont besoin d'être enterrés, etc. Reliez-vous aux autres, bâtissez des relations et ne vivez pas seul.

Épilogue

Cher ami, vous voici au terme de ce livre traitant de quelle manière vous pouvez bâtir des relations durables et l'intérêt qu'il y a à le faire. Je vous suis reconnaissant de m'avoir lu. J'espère que vous connaissez à présent profondément le sujet, ainsi que ses nombreuses implications dans votre vie. En étant conscient de votre force d'attraction, de comment l'activer et pourquoi vous faire des relations, vous reconsidériez vos relations et les verrez sous un angle nouveau. Ce fut un réel plaisir pour moi de partager ces points avec vous. J'espère qu'il en a été de même pour vous. Votre tâche commence où la mienne s'arrête. Je n'avais pas d'autre intention que celle de vous présenter comment et pourquoi vous devez nouer des relations. Je m'arrête ici, mais ces lignes sont désormais les vôtres. Relisez-les et laissez-les vous conseiller et vous guider sur votre parcours.

L'Auteur

Table des matières

MIX
Papier aus verantwortungsvollen Quellen
Paper from responsible sources
FSC® C105338

Printed by Books on Demand GmbH, Norderstedt / Germany